T0363520

TATĀ
KURU
PAPĀ
PIRI
PĀ
PAKO
HAPURU
KP
NGURU

ĒTAHI ATU PUKAPUKA A JEFF KINNEY

Te Rātaka a Tama Hūngoingoi

TE RĀTAKA a Tama Hūngoingoi

KO RODRICK KEI RUNGA

nā Jeff Kinney

PUFFIN

PUFFIN

UK | USA | Canada | Ireland | Australia
India | New Zealand | South Africa | China

Puffin is an imprint of the Penguin Random House group of companies,
whose addresses can be found at global.penguinrandomhouse.com.

This edition published by Penguin Random House New Zealand, 2020

1 3 5 7 9 10 8 6 4 2

First published in the English language in 2007
By Amulet Books, an imprint of Harry N. Abrams, Incorporated, New York.
ORIGINAL ENGLISH TITLE: The Diary of a Wimpy Kid Rodrick Rules
(All rights reserved in all countries by Harry N. Abrams, Inc.)

First published in the Māori language by Penguin Random House New Zealand, 2020

Design by Jeff Kinney and Katrina Duncan © Penguin Random House New Zealand
Prepress by Image Centre Group
Printed and bound in Australia by Griffin Press, an Accredited
ISO AS/NZS 14001 Environment Management Systems Printer

A catalogue record for this book is available from the National Library of New Zealand.

ISBN 978-0-14-377469-3

'Kia ita!'
Te Taura Whiri i te Reo Māori

Me kore ake te marere o Te Taura Whiri i te Reo Māori i whakaputaina ai te pukapuka nei
Published with the generous support of Te Taura Whiri i te Reo Māori / Māori Language Commission

penguin.co.nz

KI A JULIE, A WILL, ME GRANT

MAHURU

Rāhina

Te āhua nei i āhuareka a Māmā i ea tana whai kia tuhi au ki taua hautaka i tērā tau, kua hokona hoki he mea anō māku.

Kei te mahara anō koe, i mea au ki te mau au i tētahi peropero e kawe pukapuka ana ko te 'rātaka' kei te uhi, rere ana te pōhēhē mōku? Ana i pērā tonu i te rā nei.

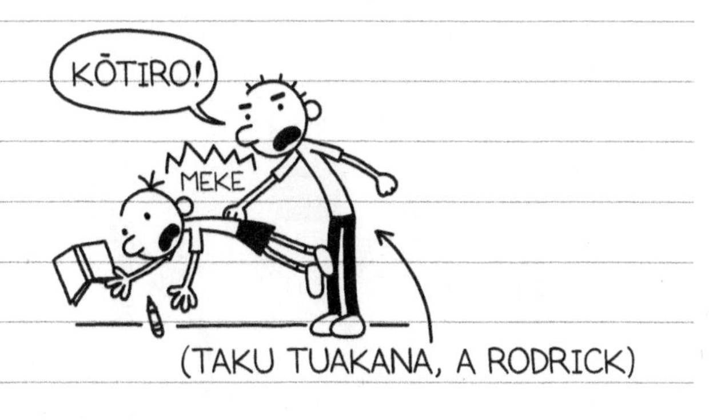

Kua mōhio nei a Rodrick he hautaka anō tāku, kia maumahara au ki te raka. I ēnei wiki tata nei, ka riro i a Rodrick taku hautaka o MUA ATU. Kātahi te mate nui. Heoi anō, kia kaua au e hahu ake i TĒRĀ.

Hāunga anō taku mate i a Rodrick, i hē tonu taku raumati.

Kāore taku whānau i haere ki wāhi kē, i mahi rānei i tētahi mahi pārekareka. Nō Pāpā te hē. I whakahaua anō au e Pāpā kia kuhu ki te kāhui kaukau, me tana hiahia kia kaua au e ngaro i tētahi o ngā rā whakataetae i tēnei tau.

Kei te whakaaro a Pāpā taihoa au ka toa ki te kauhoe, koia au i tohua ai kia uru i ia raumati.

I taku whakataetae kauhoe tuatahi e rua tau ki muri, ka mea mai a Pāpā kia pakō te pū a te kaiwawao, me ruku ki te wai, ka kauhoe.

Engari ko te kōrero i MAHUE i a ia, he KARIRI HORIHORI kē kei te pū.

I nui noa ake taku māharahara ki te wāhi e rere ai te kariri, tēnā i taku whai kia tae au ki tērā pito o te hōpua.

Ka whakamārama mai a Pāpā i te āhua o te 'pū tīmata', engari ko au tonu te kaikauhoe hē katoa o te kāhui.

I riro i a au te tohu mō te kaikauhoe 'Kua Pai Noa Ake' i te hākari tuku tohu o te mutunga o te raumati. Engari i pērā ai i te mea tekau meneti te tere ake o taku kauhoe whakamutunga, tēnā i taku kauhoe tuatahi.

Kei reira tonu pea a Pāpā e whanga ana kia pihi pai a pitomata.

I kino ake pea te noho ki te kāhui kauhoe i te noho ki te kura waenga.

Tuatahi ake, me tae ki te hōpua i te 7.30 i te ata, ka mutu i TINO KINO te makariri o te wai.

Tuarua, i rere kōpā mātou i ngā ara e rua, nō reira kei muri tonu i a au tētahi e mahi ana ki te whakahipa i a au.

Ko te take e rua noa iho ngā ara ki a mātou, he orua nō te whakawai kauhoe ki te akoranga Kori Wai.

Ka inoi au i a Pāpā kia tukuna au ki te Kori Wai, hei aha te kāhui kauhoe. Auare ake.

Koinei te raumati tuatahi i whakaae ai te kaiako ki te tarau poto kaukau, hei aha ngā kēneti whakataetae. Engari ka mea a Māmā 'kei te pai noa iho' te kēneti kaukau tawhito o Rodrick.

I muri i te whakawai, ka tīkina mai au e Rodrick i runga i te wakaroa o tana pēne. Nō Māmā te whakaaro pōrangi ka rongo māua i te 'kounga o te noho tahi' i te hokinga tahitanga ki te kāinga i ia rangi, ka iti ake te whawhai. Engari i nui kē atu.

He haurua hāora te tōmuri o Rodrick ki te tiki mai i a au i ia rā.

Ka mutu kāore i whakaaetia taku noho ki mua. Ki a ia, ka kino te tūru i te haumāota, ahakoa tekau mā rima tau pea te pakeke o tana wakaroa.

Kāore he tūru i muri o te wakaroa o Rodrick. Me whakaete atu au ki waenga i ngā taputapu puoro. Kia tū te waka, me karakia rawa e kore ai e pororere taku upoko i tētahi o ngā pahū a Rodrick.

Te mutunga iho, e hoki ana au ki te kāinga mā raro, hei aha te waka o Rodrick. He pai ake te hīkoi i te rua māero, tēnā i te materorotia i muri o taua waka.

I waenga i te raumati, ka whakatau au kua rahi tēnā whai wāhi ki te kāhui kauhoe. Tahuri ana au ki te hīanga hei karo i ngā whakawai.

Kia oti ētahi kauhoe torotika ruarua nei, ka tono au i te kaiako kia tukua au ki te wharepaku. Kua huna au ki te rūma tīni kaka kia mutu rā anō te whakawai.

Heoi anō te mate, e whā tekau pea te paemahana i te rūma tīni kaka o ngā tama. He makariri ake a REIRA, tēnā i te hōpua kaukau.

Me tākai rawa taku tinana ki te whēru kia kore ai au e mate i te hauaitu.

Pau ana he wāhi nui o taku hararei raumati ki tēnei āhua. Koinei au e rikarika nei ki te hoki ki te kura āpōpō.

Rātū

I taku taenga ki te kura i te rangi nei, me te mea nei kua pōrangitia te katoa. Kāore au i mōhio HE AHA te raru.

Kātahi au ka mahara ake: I a au tonu te Pā Tīhi mai i TĒRĀ tau. I pāngia au e te Pā Tīhi i te wiki whakamutunga o te kura. Ka taka te raumati, ka wareware KATOA i a au.

Ko te mate o te Pā Tīhi, ka piri tonu ki a koe kia pā rawa koe ki tētahi atu. Kāore i iti ake i te toru tekau putu te tātata mai a tētahi ki a au. I mōhio au ka noho te Pā Tīhi ki a au, ā pau noa te tau.

Mokori anō he tama hou i taku akomanga matua, ko Jeremy Pindle. Mutu ana i reira TĒRĀ raruraru.

Ko te Taurangi-Tōmua taku akoranga tuatahi. He mea whakanoho au e te kaiako ki te taha o Alex Aruda, te tamaiti kakama katoa o te akomanga.

He TINO māmā te tārua i ngā mahi a Alex, ka oti wawe hoki i a ia te whakamātautau, kua waiho ki te papa ki tōna taha. Nō reira ki te raru au, kei reira a Alex hei oranga mōku.

Ko ngā tamariki ka tīmata ō rātou ingoa whānau ki ngā pū tuatahi o te arapū, ko rātou ngā mea ka kaha tonoa e te kaiako kia kōrero, koia rātou i tino kakama ai.

E mea ana ētahi kei te hē tērā, engari haere mai rā ki taku kura, kei konei ngā taunakitanga.

ALEX ARUDA CHRISTOPHER ZIEGEL

KOTAHI noa te tamaiti e mōhio ana au kei te takahi i tēnei ture mō te ingoa whānau, ko Peter Uteger. Ko Peter te tamaiti kakama katoa tae noa ki te tau rima.

Koirā te tau i tīmata ai ētahi o mātou ki te whakatoi i a ia mō te tangi ina whakahuatia tahitia ngā pū tuatahi o tana ingoa.

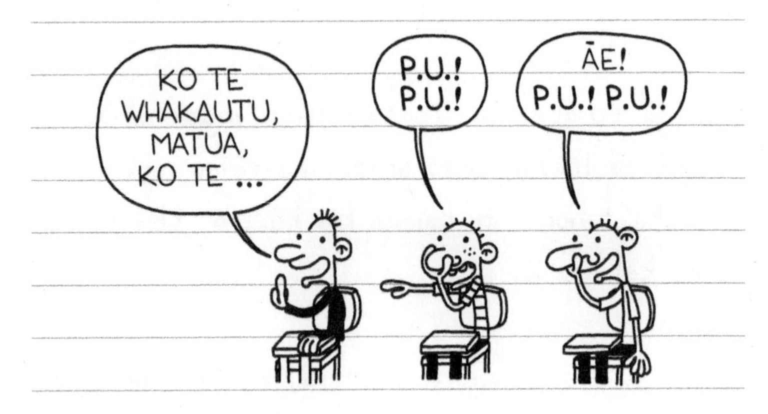

I ēnei rā, kāore RAWA e tū te ringa o Peter, me te aha, kei te taumata C kē e haere ana.

Kei te paku whakamā au i te raru PŪ i pā ki a Peter. Engari kia tūpono ara ake anō, he uaua te kore e whakamahara nāku tonu i tīmata.

Heoi anō, i tēnei rangi he autaia ngā nohoanga i tohua mōku, hāunga anō mō te Hītori i te akoranga tuawhitu. Ko Mr Huff te kaiako. Taku whakapae, i a ia a Rodrick i ngā tau ka hori.

Rāapa

Kua whakahaua māua ko Rodrick e Māmā kia kaha ake te āwhina i te kāinga. Kua riro mā māua te horoi maitai i ia pō.

Ko te ture, kāore māua e mātaki pouaka whakaata, e purei kēmu ataata rānei, kia mutu rā anō ngā rīhi katoa te horoi. Kia kī ake au, kāore he hoa horoi rīhi KINO AKE i a Rodrick i te ao.

Mutu kau anō te hapa, kua piki ia ki te wharepaku o runga, ki reira noho ai mō te hāora. Heke rawa mai, kua oti i a au te mahi.

Ina amuamu au ki a Māmā rāua ko Pāpā, hoki atu, hoki atu, ko taua karo hauarea anō a Rodrick:

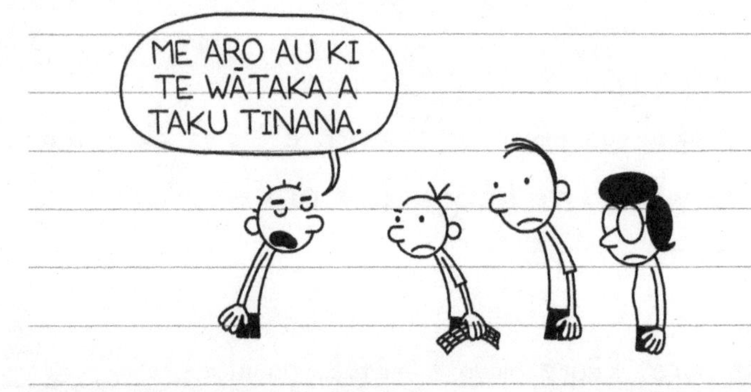

Heoi anō, kei te anipā rawa a Māmā rāua ko Pāpā ki taku teina ki a Manny, nō reira kāore rāua e uru ki tā māua whawhai ko Rodrick.

Inanahi nei, ka tāia e Manny he pikitia i te whare tiaki. Nō te kitenga atu o Māmā rāua ko Pāpā i roto i tana pīkau, ka nui tō rāua auhi.

Pōhēhē ana rāua ko RĀUA tonu ērā i te pikitia. Nō reira e tino whai ana rāua kia kite, kia rongo a Manny i tō rāua aroha nui ki a rāua.

Engari e mōhio ana au ko wai KĒ ērā i tana pikitia: ko māua ko Rodrick.

I tutū anō te puehu i tētahi pō mō te roumamao te take. I reira a Manny e mātaki mai ana. Engari hei aha TĒRĀ mā Māmā rāua ko Pāpā.

Rāpare

Tētahi take anō i koretake ai taku raumati, he ngaro atu nō taku tino hoa, nō Rowley, ki te hararei. I haere pea ki Amerika ki te Tonga, ki hea kē rānei. Kia pono taku kōrero, kāore au e tino mōhio.

Tērā pea he kino au, engari he uaua ki a au te arotau ki ngā hararei a ētahi atu.

Ka mutu he rite tonu te ngaro atu o te whānau o Rowley ki ngā wāhi tino rerekē o te ao. He uaua te maumahara ko tēhea haere tēhea.

Tētahi take anō kīhai au e aro nui ki ngā haere a Rowley, ka hoki mai ana ia, kāore e mutu tana kōrero mō taua hararei.

I tērā tau, ka rere a Rowley me tana whānau ki Ahitereiria mō te tekau rā, engari i tana āhua i te hokinga mai, ka pōhēhē koe kua noho ki reira mai i tana whānautanga ā mohoa noa.

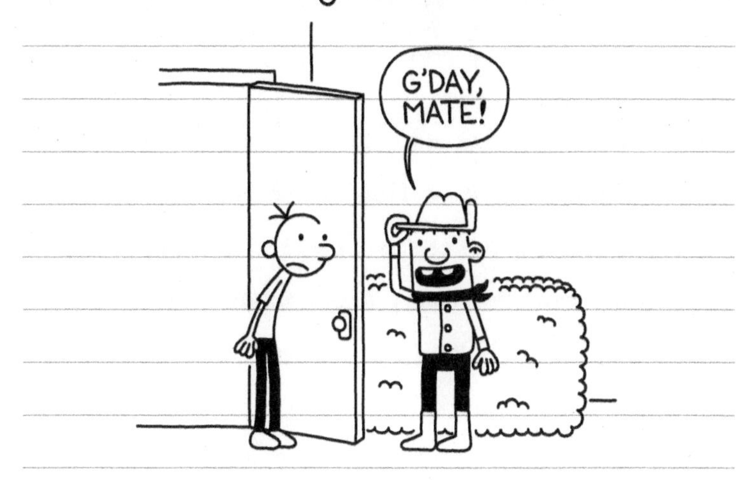

Tētahi atu mea tino hōhā, kia haere ia ki whenua kē, ka riro rawa i tō reira kukume nui o te wā.

I pērā i tana hokinga mai i Ūropi i te rua tau ki muri. Ka riro a Rowley i tētahi kaiwaiata arotini ko 'Joshie' te ingoa, ko tuahangata tonu pea i ērā whenua. Te hokinga mai o Rowley, kī poha ana ngā pēke i ngā kōpae a Joshie, te pānui whakaahua, te aha atu.

Kotahi karapatanga atu ki te whakaahua i te kōpae, ka mea au ki a Rowley mā ngā kōtiro e ono tau kē te pakeke a Joshie. Kīhai ia i whakapono mai. Ki tāna, e pūhaehae noa ana au, he 'mōhio tōmua' nōna ki a Joshie.

Ko te mea tino kārangirangi ki a au, ko Joshie a tuahangata hou ki a Rowley. Ki te mea au ki te paku whakahē i a ia, aukatia ana e Rowley.

I a au e kōrero nei mō ngā whenua tauhou, i te akoranga Wīwī i te rā nei, ka mea mai a Madame Lefrere kua kōwhiri hoa tuhi reta mātou i tēnei tau.

I a Rodrick i te kura waenga, he hoa tuhi reta tōna, he kōtiro nō Hōrana, tekau mā whitu ōna tau. E mōhio ana au i te mea kua kite au i ngā reta i tana hautō utauta.

He pai ki a au
ngā rā paki me
te aihikirīmi.
Ka pēhea koe?
♡

Ka toha a Madame Lefrere i ngā puka, ka whakakīia e au ki ngā kōrero e whiwhi ai au i tētahi hoa tuhi reta pērā i tō Rodrick.

Ka pānui a Madame Lefrere i taku puka, ka mea mai me tuhi anō. Ko tāna, me kōwhiri he tama rite ki a au te pakeke. Ā, me tama Wīwī anō. Nō reira, kāore e kukua te manawa mō te ngahau o tēnei mahi tuhi reta ki te hoa.

Rāmere

Whakatau ana a Māmā kia tīkina mai au e Rodrick i muri i te kura, pērā i tana tiki i a au i ngā whakawai kauhoe. Te āhua nei he wheako tērā kāore nei he ako o roto – mō Māmā. Engari anō au. I a Rodrick ka tiki mai i a au i te rangi nei, ka tono au kia āta ngau ana pereki.

Ka AUKEI mai ia, kātahi ka kimi mārire i ngā puke āta haere katoa o te tāone.

Ka puta au i te waka, ka kīia a Rodrick he kai a te kurī. Tahuri ana māua ki te kākari. E mātaki mai ana a Māmā i te matapihi o te rūma noho.

Ka kīia mai māua kia hou atu ki roto, kia noho ki te tēpu i te kīhini. Ka mea mai ia kia tatū i a māua te raru i runga i te 'ngākau tōtika'.

Ka mea mai ia me tuhi e tēnā e tēnā o māua ā māua mahi hē, me tētahi whakaahua i te taha. Mōhio tonu au e ahu PĒHEA ana ngā whakaaro o Māmā.

He kaiako kōhungahunga a Māmā i mua. Ina hara tētahi tamaiti, me tuhi pikitia te tamaiti o tana hē. Ko te tikanga pea, kia whakamā te tamaiti i tāna mahi, e kore e mahia anō.

I whaihua pea te whakaaro o Māmā mō ngā tamariki e whā ngā tau, engari me rautaki pai ake i tērā e rata ai māua ko Rodrick ki a māua.

Ko te mate, kei te mōhio a Rodrick ahakoa tana mahi ki a au, e taea e au te pēhea.

Ko Rodrick anake te mea mōhio ki tētahi mea i pā ki a au i te raumati i TINO whakamā ai au. Kua raru pai au mai i taua wā. Ki te whāki au i tētahi mahi hē āna, ka whākina tōku nei raru ki te ao.

Kia mōhio kē au ki tētahi mea e raru ai KO IA, kua pai, kua haupārua.

Kei te mōhio au ki TĒTAHI mea e whakamā ai a Rodrick, engari kāore e whaihua ki a au.

I tana tau tuarua i te kura tuarua, e māuiui ana ia i te rā i mahia ai ngā whakaahua kura. Ka kī atu a Māmā ki a Pāpā kia tukuna te whakaahua o Rodrick i tana tau tuatahi i te kura tuarua hei kuhu ki te pukapuka tau.

Tē aro i a au me pēhea e hē ai i a Pāpā, engari i tukuna kētia e ia te whakaahua o Rodrick i tana tau tuaRUA i te kura tuaTAHI.

Uaua ana te whakapono, engari i tāia tonutia.

Harrington,
Leonard

Hatley,
Andrew

Heffley,
Rodrick

Hills,
Heather

Heoi anō, he kakama nō Rodrick, ka tīhaea mai e ia taua whārangi i te pukapuka tau. Ki te hiahia au ki tētahi mea hei utu i tāna e mōhio ana mōku, me kimi tonu, me rapa tonu.

Rāapa

Nō te tautapatanga a Māmā kei a māua ko Rodrick ngā rīhi, e heke ana a Pāpā ki te taiwhanga ahi whakamahana i muri i te hapa, ki reira hanga ai i tana tauira iti o te pakanga Kaiākiri.

Ka toru hāora neke atu a Pāpā ki reira i ia pō e hangahanga ana i tana tauira. Pai kē pea ki a Pāpā kia pau atu ngā mutunga wiki ki tana parekura, engari he whakaaro KĒ ANŌ ō Māmā.

He pai ki a Māmā te rīhi ataata whaiāipo ngahau nei. Ka whakahaua hoki a Pāpā kia mātaki i tōna taha. Me taku mōhio ina taea e Pāpā, kua oma anō ia ki te taiwhanga o raro.

Ka kore ana a Pāpā i te taiwhanga ahi, kia kaua rawa mātou ngā tamariki e haere ki reira.

Kua whakahaua māua ko Rodrick kia kaua e WHAKATATA atu ki tana parekura, he whakapono nō Pāpā ka hē i a māua.

Me taku rongo hoki i a Pāpā e kōrero ana ki a Manny i te rā nei kia kore ai IA e haere ki reira, hautūtū haere ai.

Rāhoroi

I haere mai a Rowley i te rangi nei. Kāore e pai ki a Pāpā ina tae mai a Rowley. Ki a ia, he 'karanga aituā' a Rowley. I konei a Rowley e kai ana i tētahi pō, ka taka i a ia te pereti, pakaru tonu atu.

E hua ana a Pāpā ka kino katoa i a Rowley tana parekura Kaiākiri i te mahi pakihawa kotahi nei.

Kia tae mai a Rowley ki tōku i ēnei rā, ko taua mihi anō a Pāpā:

Waihoki te pāpā o Rowley, kāore ia e pai mai ki a AU. Koirā i iti ai aku haere ki tōna.

Te wā whakamutunga i moe atu ai au ki tō Rowley, ka mātaki māua i tētahi kiriata i ako ai ngā tamariki i tētahi reo huna kāore i mōhio ngā pakeke.

WHAKAMĀORITANGA: Ā TE 2.30 P.M., ME TUKU TAHI Ā TĀTOU PUKAPUKA KIA TAKA KI TE PAPA.

I pai ki a māua ko Rowley. Ka mahi māua ki te kōrero i taua reo e kōrero rā aua tamariki i te kiriata.

Auare ake. Tahuri ana māua i konā ki te hanga i tō māua AKE reo huna.

Ka tukua kia rere i te kai o te pō.

Te āhua nei i kitea e te pāpā o Rowley te tikanga o ā māua kōrero huna, i te mea i tonoa au kia hoki ki taku kāinga i mua i te purini. Mutu ana i reira ngā pōhiri i a au kia moea te pō ki tō Rowley.

I a Rowley ka tae mai ki tōku i te rā nei, ka mauria mai ngā whakaahua huhua o tana hararei. Ki a ia, ko te mea pai katoa o tana hararei, ko te safari i te awa. Ka whakaatu mai ia i ētahi whakaahua rehurehu o te manu, o te aha atu.

Nā, e hia kē aku taenga ki te papa ngahau ko te Ao Mohoao te ingoa. He waka whai i te Awa Taiheke kei reira, me ētahi kararehe mīhini whakamīharo rite tonu ki te korira, ki te moko tuauri, ki te aha ake rānei.

He kore nō ngā mātua o Rowley e kawe noa i a ia ki reira, ka penapena ai i ā rāua moni.

Engari hei aha mā Rowley te whakarongo ki ŌKU wheako. Kohia ana e ia ana pikitia, hoki ana ki tōna rā.

I muri i te kai i te pō nei, ka mea a Māmā me mātaki a Pāpā i tētahi o ngā kiriata i rīhitia e ia. I te hiahia mahi kē a Pāpā i tana parekura Kaiākiri.

I a Māmā ka haere ki te whareiti, ka kuhuna e Pāpā he urunga ki raro i te paraikete i tōna taha o te moenga, kia pōhēhē ai a Māmā e moe ana ia.

Nō te mutunga rā anō o te kiriata a Māmā i mōhio ai ia ki te māminga a Pāpā.

Ka whakahaua a Pāpā kia hoki ki te moe, ahakoa kua 8.30 noa iho.

Ka mutu, kei tō rāua moenga anō a Manny e moe ana i ēnei rā, he mataku nōna ki te taniwha e noho ana ki te taiwhanga ahi.

Rātū

Pēnei au kua pau ngā kōrero a Rowley mō tana hararei. Tēnā pōhēhē tēnā. Inanahi nei, i te Tikanga ā-Iwi, ka tono te kaiako i a Rowley kia kōrero ki te akomanga mō tana haere. Ka tae mai ia i te rangi nei, e mau ana he kākahu tino rerekē nei. Ko te mea hē KATOA, ko te taetae atu o ngā kōtiro ki a Rowley i te tina, he patipati te mahi.

Kātahi au ka kite, he pai tonu pea tēnei. Ka tīmata taku arataki haere i a Rowley i te wharekai, inā rā, ko IA TONU taku tino hoa.

Rāhoroi

I ia Rāhoroi i ēnei wiki tata nei, kua kawea au e Pāpā ki te mōro. I pēnei au, e hiahia ana ia kia kaha ake tā māua noho tahi. Tahi au ka kite e mahi noa ana ia kia ngaro ia i te wā e whakawai ana te pēne o Rodrick i tō mātou kāinga. Me taku tino whakaae ki tāna.

He whakawai tā Rodrick me tana pēne maitai-taumaha ki te rūma o raro i ngā mutunga wiki.

Ko te kaiwaiata matua, ko tētahi tāhae ko Bill Walter te ingoa. Ka tūpono māua ko Pāpā ki a Bill i a māua e puta ana i te rā nei.

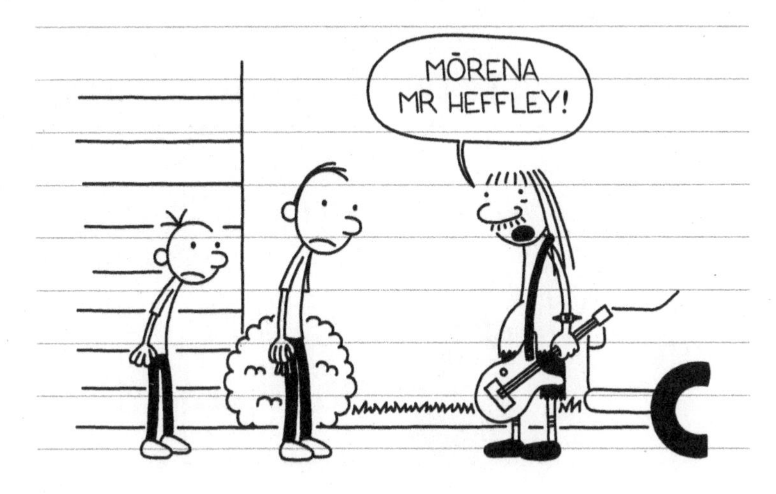

Kāore a Bill i te mahi. Ka mutu kei te kāinga tonu o ana mātua e noho ana, ahakoa e toru tekau mā rima ōna tau.

Arā pea te moepapa o Pāpā, kei pōhēhē a Rodrick ko Bill te tino tauira mōna, ka hiahia whai i ōna tapuwae.

Kia kite a Pāpā i a Bill, kua hē ōna piropiro mō te roanga atu o te rā.

Ko te take i pōhiri ai a Rodrick i a Bill kia uru ki tana pēne, i te mea i pōtihia ko Bill te mea 'Tērā Tonu ka Tū hei Whetū ki te Ao Raka' i A IA i te kura tuarua.

Tērā Tonu ka Tū hei Whetū ki te Ao Raka

Bill Walter Anna Wrentham

Kāore anō a Bill kia eke ki tērā taumata. Ā, ko Anna Wrentham, kei te whare herehere, ki taku rongo.

Ka haere māua ko Pāpā ki te mōro i te rangi nei mō ētahi hāora. I te hokinga ki te kāinga, e whakawai tonu ana te pēne o Rodrick. E rangona ana ngā kitā me ngā pahū i tawhiti, ka mutu he taiohi tauhou kua huihui ki tō mātou arawaka.

I rongo pea rātou i te puoro e haruru mai ana i te rūma o raro, ka kawea mai, pēnei i te pēpepe e kawea ana e te aho.

Ka kite a Pāpā i te mahi a te taiohi i te arawaka, ohorere KAU ana.

Oma ana ki roto ki te waea atu ki ngā pirihimana, aukatia ana e Māmā i mua i tana pato i te 911.

Ki a Māmā, kāore aua taiohi i te mahi kino, e rongo noa ana i te 'reka' o ngā puoro a Rodrick. Me pēhea e pērā ai tana kōrero me te kore e mimingo o ana pāpāringa? Me i rongo koe i te pēne o Rodrick, kua mārama ki te tikanga o taku kōrero.

E pōkaikaha tonu ana a Pāpā i aua taiohi i tō mātou arawaka.

Ka piki ia ki runga, ka tiki i tana mīhini puoro. Kuhuna atu ana he kōpae puoro ōkawa, tukua ana kia haruru. PONO, he kimonga kanohi, kua ngaro katoa aua taiohi.

Āhuareka ana a Pāpā i te pai o tana whakaaro. Engari e mea ana a Māmā he āta pana kē tāna i te 'hunga manako nui' ki ngā puoro a Rodrick.

Rātapu

I a mātou e taraiwa ana ki te karakia i te rā nei, e whakamoteko ana au ki a Manny hei whakakata i a ia. I tētahi o aku mahi, pakaru mai ana tana kata, me te aha, puta ana te waiāporo i tōna ihu.

Ka mea mai a Māmā:

Ka rongo a Manny i te whakaaro o Māmā, nāwai i hē, kātahi ka hē kē atu.

Ana, koinei te take i noho pāmamao ai au i a Manny. Kia mea au ki te pārekareka ki a ia, kua noho papa au.

Kei te mahara au i a au e tamariki ake ana, ka mea mai a Māmā rāua ko Pāpā taihoa ka puta mai he teina mōku. Ka NUI taku manawarū.

Kua hia tau au e noho ana hei raukotinga mā Rodrick, kua rite au ki te piki ki runga paku ake o te pou tohu mana.

Engari mai rā anō, kua INATI te tiaki a Māmā rāua ko Pāpā i a Manny. Kāore e whakaaetia te pā o taku mati kotahi nei ki a ia, ahakoa he wā anō e tika ana kia utua tana mahi kino.

I tētahi rangi tata nei, ka mea au ki te whakakā i taku kēmu ataata, kāore i kā mai. Nō te huakanga, kitea ana he pihikete maramara tiakarete kei te kuhunga kōpae, nā Manny i puru atu.

Ko te karo a Manny, ko taua karo ka tīkina e ia i ngā WĀ KATOA e pakaru ai i a ia tētahi o aku mea.

Hiahia katoa au ki te moto i a ia, engari e taea te aha - i reira hoki a Māmā.

Ka mea a Māmā ka 'kōrero' ia ki a Manny, ka heke rāua ki raro. He haurua hāora i muri mai, ka piki mai anō rāua ki taku rūma, he mea kei te ringa o Manny.

He pōro konumohe kua titia atu ki te kapeniho.

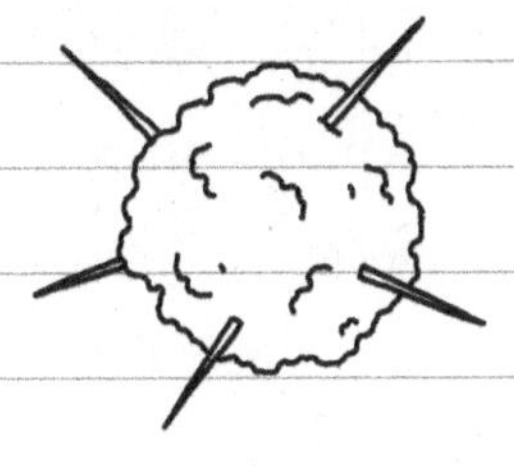

Tē aro i a au me pēhea e ea ai i tērā taku kēmu rorohiko kua pakaru. Ka mea au ki te porowhiu, kīhai TONU a Māmā i whakaae.

Ina taea, kei te rere te mea rā ki te ipupara. Kei te mōhio pū au ki te kore e porowhiua, ka nōhia e au.

Ahakoa tino hōhā au i a Manny i ētahi wā, arā TĒTAHI painga ōna. Mai i tana tīmata ki te kōrero, kua mutu te whakahau a Rodrick i a au kia hoko tiakarete haere hei kohi moni mā te kura. Me taku mihi nui i TĒRĀ!

Rāhina

I mea mai a Madame Lefrere me oti ngā reta tuatahi ki ō mātou hoa tuhi reta i te rā nei. Tohua ana ko Mamadou Montpierre hei hoa mōku. Kei hea ake rānei o Paranihi e noho ana – e aua.

Te tikanga ka tuhi Wīwī atu au, ko Mamadou ka tuhi Ingarihi mai, engari he uaua rā te tuhi ki te reo tauhou.

Kāore au e kite i te hua o te tuku i a māua tahi kia rongo i te pōkaikaha i tēnei mahi, te tuhi reta.

Mamadou, tēnā koe.

Hei kupu tuatahi māku, me tuhi pea tāua tahi ki te reo Ingarihi, kia māmā ake ai.

E mahara ana koe i kī atu au taihoa ka nōhia e au te pōro konumohe koikoi a Manny? I āhua ea i te rā nei.

I haere mai a Rowley ki te tākaro kēmu ataata, ka nōhia e IA.

Me taku koa, kia pono au. I ngaro hoki i a au i ēnei rangi tata nei, he oranga ngākau kua kitea anō.

I te tutūnga o te heihei, makaia ana e au te 'koha' a Manny ki te rāpihi. Heoi anō, kua whakaae pea a Māmā iāianā kia pēnei au.

Rāapa

He tuhinga mō te reo Ingarihi me oti i a Rodrick āpōpō. Me te tohutohu a Māmā mā Rodrick rawa e mahi. Kāore a Rodrick e mōhio ki te patopato, nō reira ka tuhia ā-ringa ana kōrero, kua hoatu mā Pāpā kē e pato.

Engari nō te pānuitanga, ka kite a Pāpā i te mahi a te hapa, taha meka nei.

Hei aha mā Rodrick ngā hapa. Ka mea ia ki a Pāpā me pato tonu, hei aha te whakatika.

Engari kāore rawa e pai ki a Pāpā te tuhi kōrero hē, nō reira ka tuhia houtia e ia te tuhinga a Rodrick. E rua rā i muri mai, ka whakahoki mai a Rodrick i tana tuhinga kua oti te māka, me te mea nei nāna ake.

Kua hia tau tēnei āhua e haere ana, kua whakatau iho pea a Māmā me mutu. Ka mea ia ki a Pāpā mā Rodrick kē e mahi mai TĀNA AKE tuhinga, kia kauaka a Pāpā e āwhina atu.

Haere atu ana a Rodrick ki te rūma rorohiko i muri i te hapa. Ki te rongo o te taringa, kotahi pū pea i te meneti ka patohia mai e ia.

Mōhio tonu au kua tata pōrangi a Pāpā i te rongo atu. Āpiti atu ki tēnā, i ia tekau meneti ka puta mai a Rodrick i te rūma rorohiko, he pātai heahea kei te ngutu mā Pāpā.

E rua hāora e pēnei ana, kua ngawhere a Pāpā.

Ka tatari ia kia hoki a Māmā ki te moe, kātahi ka pato mai i te katoa o te tuhinga a Rodrick. Nō reira, kei te haumaru te nuka a Rodrick - mō tēnei wā.

He pūrongo pukapuka me oti i a au āpōpō. Engari e pai ana.

Noa atu taku kite me aha au mō ngā pūrongo pukapuka nei. Kua rima tau au e hoki atu ana ki te pukapuka kotahi nei, ki 'Sherlock Sammy Does It Again'.

E rua tekau pea ngā paki poto kei 'Sherlock Sammy Does It Again'. Ka tuhi kōrero au mō ia paki poto me te mea nei he pukapuka tonu. Kāore te kaiako e mōhio.

He rite katoa ēnei paki mō Sherlock Sammy. Ka taihara tētahi tangata, riro ana mā Sherlock Sammy tana hara e whakaatu, me te whakaatu anō i tōna pohe.

Kua āhua tohunga au ināianei ki te tuhi pūrongo mō te pukapuka. Heoi anō tāu, he tuhi i te mea e popore ana te kaiako kia rongo ia.

E tama, he tino kakama
a Sherlock Sammy. Kāore
e kore he pānui pukapuka
nōna.

Tika tonu pea tāu!

He maha ngā kupu uaua
i te pukapuka nei, engari i
kimihia i te papakupu,
ana kua mārama.

Te āhua nei he 'titeketiwhi' anō koe!

A+

WHIRINGA-Ā-NUKU

Rāhina

Tērā tētahi tamaiti ko Chirag Gupta te ingoa, he hoa nōku i tērā tau, engari nō te Pipiri ka hūnuku ia. Ka tūria e tana whānau he pātī nui, ka tae atu ngā kiritata katoa. Engari te āhua nei kua huri ngā whakaaro o tana whānau, i te mea i te kura anō a Chirag i te rangi nei.

E koa ana te katoa kia kite anō i a Chirag, engari ka mea ētahi o mātou ki te raweke i a ia i mua i te whakanui tūturu i tana hokinga mai. Ka whakataruna mātou e ngaro tonu ana ia.

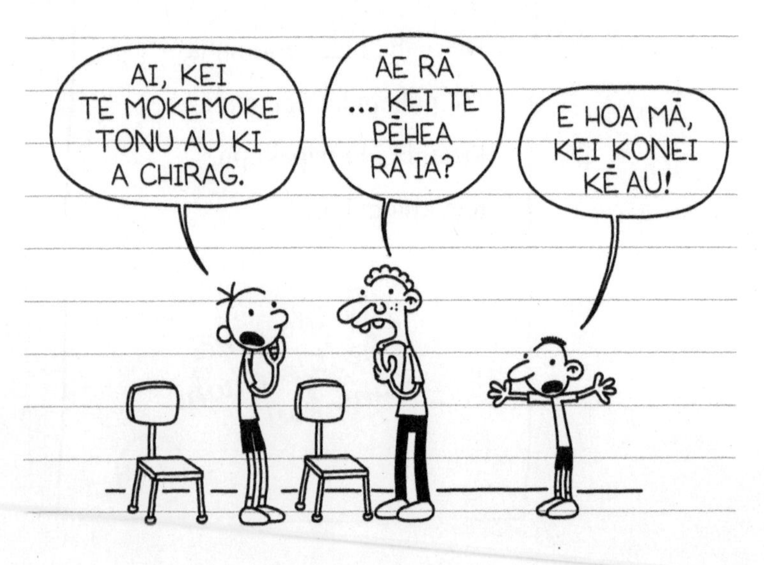

I āhua hātakēhi tonu.

I te tina, ka noho a Chirag i taku taha. E rua kē ngā pihikete maramara-tiakarete i taku pēke tina, me taku kōrero nui mō tērā āhua.

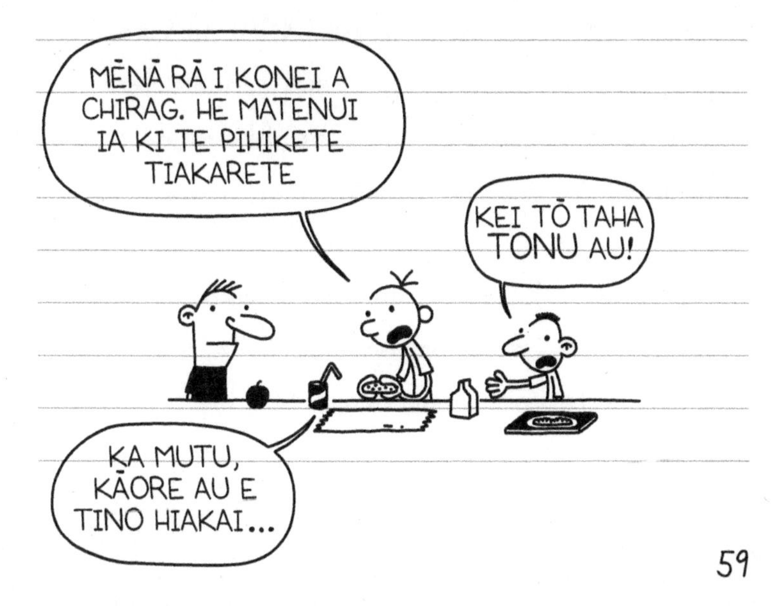

I āhua kino pea tērā.

Ka mutu pea tā mātou hangareka i a Chirag āpōpō. Māna, ka riro ko Chirag Matahuna te 'PŪ' hou.

Rātū

Kei te tū tonu te tinihanga mō Chirag Matahuna. Ka mutu ko te katoa o te AKOMANGA kei te hāpai. Kia kaua au e toitoi okewa, engari tērā tonu e noho ko au te Hako o te Akomanga i tēnei mahi āku.

I te Pūtaiao, ka tonoa au e te kaiako kia tatau i ngā tamariki i te akomanga kia pai ai tana tiki i te rahi o te mōhiti haumaru e tika ana i te kāpata.

Ka āta tatau mārika au i te katoa, atu i a Chirag.

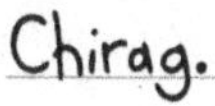

I konā ka āhua KEKA a Chirag. Ka tū, ka hāparangi. Uaua ana tērā te pao noa me te mea nei kāore ia i reira.

I te hiahia kī atu au kāore mātou e mea ana ehara ia i te tangata, engari he tangata KĀORE KĒ E KITEA ANA. I uaua, engari i kopi tonu taku waha.

Tērā koe e hua mai he hoa kino au i taku whakatoi i a Chirag, engari anei taku kupu hei taunaki i taku mahi: He iti ake au i tētahi 95% o ngā tamariki i taku kura. Nō reira he tokoiti te hunga ka taea e au te whakatoi.

Waihoki, ehara nōku katoa te hē, 100% nei. Me whakapono mai koe, i takea mai te whakaaro i a Māmā. Tērā tētahi wā i taku itinga, i raro au i te tēpu e tākaro ana. Ka kuhu mai a Māmā, e kimi ana i a au.

He aha rā au i pēnei ai, engari whakatauria ana me māminga a Māmā, ka noho huna tonu.

Ka huri haere a Māmā i te whare, e karanga ana i taku ingoa. Nāwai ā, ka kite pea i a au, engari ka whakataruna kāore ia i mōhio kei hea au.

Ngahau ana ki a au. Kua paku roa atu anō pea ki reira, engari ka rongo au i a Māmā e mea ana ka tukua e ia taku mīhini pia ngaungau ki a Rodrick, ka tautuku au i reira.

Nō reira, ki te hiahia tohu rawa koe i te mati ki tētahi mō te nuka nei, mō Chirag Matahuna, kua mōhio koe nō wai ake te hē.

Rāpare

Inanahi nei, i mutu te tohe a Chirag kia kōrero tētahi i tō mātou akomanga ki a ia. Engari i te rā nei, ka kite ia i tō mātou ngoikoretanga.

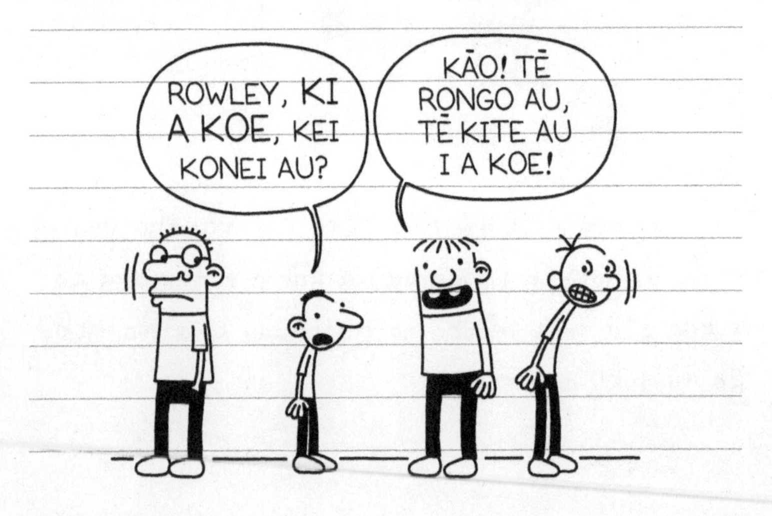

I wareware KATOA i a au a Rowley. Nō te tīmatanga o te māminga, ka mahi au kia tawhiti a Rowley i a Chirag, he mōhio nōku tērā pea ka hē i a Rowley.

Engari he whakatoatoa pea nōku, ka aumoe.

Ka tīmata tā Chirag whakawai i a Rowley i te tina. Ka mutu tata tonu a Rowley ka hinga.

Ka kite au kua tata kōrero a Rowley, kia tere taku haukoti. Ka korokī au ki te katoa, he kurī wera e tārewa ana i runga ake o te tēpu kai. Kapohia atu ana e au, e rua ngaunga, kua pau.

Me kore ake te tere o taku urupare, ka haere tonu te tinihanga.

I konā ka TINO riri a Chirag. Ka mekemeke i taku ringa. Kua mate taku whakataruna kāore au i te rongo i tētahi paku aha.

Kia kī atu au, i uaua tonu. Ahakoa iti a Chirag, he kaha tana meke.

Rāmere

Te āhua nei i haere atu a Chirag ki tētahi kaiako, tangimeme ai, i te mea i te rangi nei, ka tonoa au kia haere ki te tari o mua.

Nō taku taenga ki te rūma o te Tumuaki Tuarua, a Matua Roy, e riri ana ia. E mōhio ana ia nāku i tīmata, me tana kauhau mai ki a au mō te 'whakaaro rangatira', mō te 'ngākau tika' me ērā tū āhuatanga.

Mokori anō i hē i a Matua Roy tētahi tino meka - ko te tuakiri o te mea e tinihangatia ana. Nā konā i māmā noa ake ai te whakapāha.

Te āhua nei i pai ki a Matua Roy taku whakapāha, ka tukua au, kāore he whiu tāpiri.

Kua rongo au, kia mutu tā Matua Roy kohete i tētahi tamaiti, ka tukua e ia, ko te pōpōtanga o te tuarā me te rarepapa ngā hoa haere. Ka kite au i te rā nei he pono te kōrero.

Rāhoroi

Hei āpōpō whakanuia ai te huritau o Rowley. Ka kawea au e Māmā ki te mōro ki te hoko koha māna. Kitea ana he kēmu ataata tino pai, kātahi tonu ka puta. Ka hoatu hei hoko mā Māmā, ka mea mai ia māku kē e hoko ki āku AKE moni.

Ka mea au ki a Māmā, karekau aku moni, ka tahi. Ka rua, MĒNĀ i a au te moni, e kore e moumoutia ki a ROWLEY.

Kāore a Māmā i rata ki aku kōrero. Engari ehara i a AU te hē kāore aku moni. He mahi tonu tāku i te raumati nei, engari kāore au i utua ki ngā moni i whakaritea kia utua mai, nō reira kāore i tae mai he kapa kotahi nei ki a au.

Ko tētahi o ā mātou kiritata, ko ngā Fuller. Kei kō tata atu e noho ana. I ia raumati haere ai rāua ki te hararei.

Kawea ai tā rāua kurī, a Pirinihi, ki te whare kurī. Engari i tēnei tau, ka mea rāua ka utua au ki te rima tāra i ia rā mō te whāngai i a Pirinihi me te kawe i a ia ki te hāereere. Ki aku tātaitai, ka hokona he kēmu ataata e hia kē nei ki tērā nui o te moni.

Heoi anō, te āhua nei e matakana ana a Pirinihi ki te mimi, ki te tiko i mua i te aroaro o te tauhou. Ka roa au e tū noa ana i te weranga mai o te rā, e tatari ana kia tiko, kia mimi te kurī pongipongi nei.

Ki konā au whanga ai, he aha te aha. Ka mea ā, ka whakahokia a Pirinihi ki rō whare.

Engari nō te wehenga, ka tiko a Pirinihi ki te roro o te whare, ka mate taku horoi i te rā i muri mai. Ka tata ki te mutunga o te raumati, ka kite au he māmā noa ake te waiho i ana hamuti katoa, ka kotahi ai te whakatika i te katoa i te mutunga, hei aha te mahi i ia rangi.

Mō te rua wiki pea, ka whāngaia, me te waiho kia tiko, kia mimi ki te roro o te whare.

I te rā i mua i te hokinga mai o ngā Fuller, ka piki au i te hiwi me aku taputapu horoi katoa.

Engari ... i poroa e ngā Fuller te hararei, ka hoki mai i te rā i MUA atu i tērā e tika ana.

Kāore pea rāua i mōhio arā kē te mahi tika, he waea tōmua ki te tangata ki te whakamōhio ina hurihia ngā whakaritenga.

I te pō nei, ka whakarite hui a Māmā ki a māua ko Rodrick. Ka mea mai kāore e mutu tā māua amuamu mō tō māua kore moni, ana kua kitea e ia he huarahi e mahi moni ai māua.

Tangohia mai ana e ia he moni tākaro, ko te moni pea o tētahi kēmu papa. Tapaina ana e ia he 'Tāra Kōkā'. Ka riro i a māua he Tāra Kōkā ina mahi māua i ētahi mahi pai, ā, ka taea te whakawhiti ērā moni mō te moni TŪTURU.

Homai ana e Māmā he $1,000 ki tēnā, ki tēnā o māua, hei moni tīmatanga. Mahara au kua whairawa au. Kātahi ia ka mea mai ko te Tāra Kōkā kotahi, he rite ki te kapa noa iho i te moni TŪTURU.

Ka mea mai ia me penapena ā māua Tāra Kōkā. Ki te manawanui, ā tōna wā ka taea e māua te hoko tētahi mea ka manako nuitia e te ngākau.

Kāore anō i mutu te kōrero a Māmā, kua whakawhitia kētia e Rodrick ana moni tākaro katoa.

Haere atu ana ia ki te toa, whakapaua ana ngā moni katoa ki ētahi maheni maitai-taumaha.

Ki te hiahia a Rodrick kia pērā te moumouhia o āna moni, kei a ia mō tērā. Engari ka tika taku tiaki i ĀKU Tāra Kōkā.

Rātapu

Ko te huritau o Rowley i te rangi nei. I tū ki te mōro. Kua tino pārekareka pea ki a au mēnā kei te takiwā o te whitu tau taku pakeke.

Koirā te pakeke toharite o te hunga i te pāti a Rowley. He mea pōhiri e Rowley tana kāhui karate katoa, ka mutu kei te kura tuatahi tonu te nuinga. Mēnā rā au i mōhio ka pērā te āhua, kua kore au e tae atu.

Ka tīmata ki ngā tākaro heahea pēnei i te Pine i te Whiore ki te Kāihe. Ko te mea whakamutunga, ko te Huna me te Kimi.

Ka pēnei au me huna pai noa iho ki te rua pōro ā, mutu rawa te pāti. Engari he tamaiti ANŌ i reira.

Kāore tēnei tama i tae mai ki te pāti a Rowley. Nō te pāti o MUA atu, i tū i te hāora o mua atu.

Te āhua nei i huna ki ngā pōro i te Huna me te Kimi, ā, kīhai i KITEA.

Nō reira ka hikina te pāti a Rowley, he warea nō ngā kaimahi ki te kimi i ngā mātua o te tamaiti nei.

Ka mutu tērā raruraru, ka kai keke mātou me te mātaki i a Rowley e huaki ana i āna koha. Ko te nuinga, he taonga tākaro mā te tamariki, engari i pai tonu ki a Rowley.

Kātahi ka hoatu e ngā mātua o Rowley tā rāua koha. Mōhio koe he aha? He RĀTAKA.

I āhua wheke au, he mōhio nōku i tono a Rowley kia hoko rātaka ōna mātua māna kia rite ia ki a au. Nō te huakanga, ka mea ake a Rowley:

Hei whakaatu pū i taku whakaaro ki tērā, ka mekea atu tana ringa. Ahakoa ko tana huritau tēnei, kia ahatia.

Engari kia kī ake au, arā au e riri ana, he hoko nō Māmā i te hautaka, ki a au nei, mā te kōtiro kē. Ko taku kitenga ia i tā Rowley, kua kore aku riri.

Kua TINO raru au i a Rowley i ēnei rangi tata nei. Ko te pakiwaituhi e pānui ai au, koirā anō tāna e pānui ai, ko te inu mirumiru e inu ai au, koirā anō tāna. Ki a Māmā, me 'rekareka' au, engari e āhua kawa kē ana au i tēnei mahi rerekē āna.

E rua rā ki muri nei, ka whakamātau au i te kaha o tā Rowley tāwhai i a au.

Ka pōrukua tētahi waewae o taku tarau, me te here i te aikiha muramura ki taku pungapunga. Haere pērā atu ana au ki te kura.

I te rangi i muri mai, ehara, ka tae mai a Rowley ki te kura, rite pū tana āhua ki tōku.

Ko te tuarua tēnā o aku taenga atu ki te tari o te Tumuaki Tuarua, o Matua Roy, i te wiki kotahi.

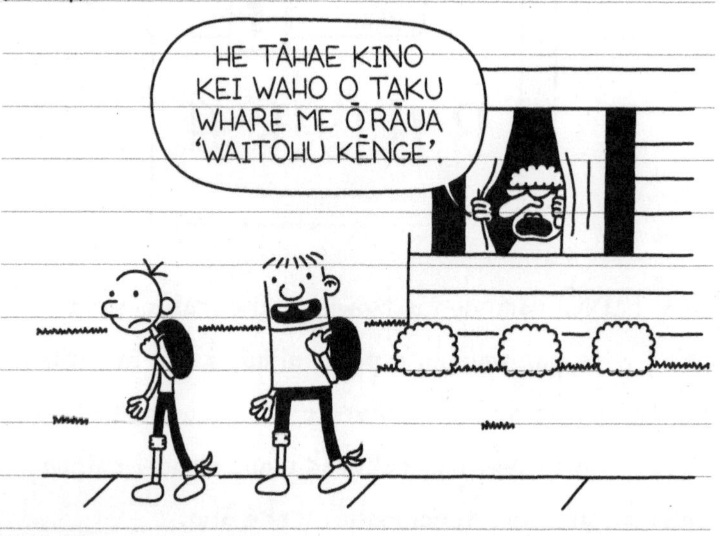

Rāhina

I pōhēhē au kua mutu te raruraru mō Chirag Matahuna. Tēnā pīki pōhēhē tēnā.

I te pō nei, ka waea mai te PĀPĀ o Chirag ki a Māmā, ka āta kōrero ki a ia mō tā mātou tinihanga i tana tama, me te kī anō ko au kē te kaihautū.

I a Māmā ka uiui i a au, ka mea atu au kāore au i paku mārama ki te tikanga o ngā kōrero a te matua o Chirag.

Kātahi au ka atoatohia e Māmā ki te kāinga o Rowley, kia rongo ai ia i ĀNA kōrero.

Waimaria kua rite au mō tēnei tūāhua. Kua kōrero kē au ki a Rowley me aha ia ina tau mai he raru pēnei ki a māua, me whakakāhore noa ngā mea katoa, ana kua ORA māua.

Puta kau anō he kupu uiui i te waha o Māmā, hinga tonu atu a Rowley.

Nō reira, i muri tonu i te toro i a Rowley, ka taraiwahia atu au ki tō Chirag ki te whakapāha. Kia kī ake au, kāore tērā i PAKU pārekareka.

Hei aha mā Matua Gupta taku whakapāha. Engari ko te mea mīharo, i āhua pai mai a Chirag.

I muri i taku whakapāha, ka pōhiritia au e Chirag kia tomo atu ki te whāwhā kēmu ataata. He oranga ngākau pea kua kōrero anō tētahi o ngā hoa o tana akomanga ki a ia, ka murua i reira taku hara.

Nō reira, me muru anō pea e au tōna hara ki a au.

Rātū

Ahakoa i murua e Chirag taku hara, kāore anō i ea te wāhi ki a Māmā.

Ehara ko te māminga te mea i tino riri ai ia. Ko taku RŪKAHU kē ki a ia tāna i riri ai.

Ko tāna mai ki a au, ki te mau anō au e teka ana, ki te kāinga au mauheretia ai mō tētahi MARAMA.

Nō reira me tūpato au. E kore hoki e wareware i a Māmā tāna kupu. Mō ngā mahi hē, he rite te maumahara o Māmā ki tō te arewhana.

(KO TE TUATAHI: NŌ TE ONO TAU KI MURI)

Nō tērā tau ka mau au i a Māmā e teka ana. He utu nui ka tau ki a au.

I tunua e Māmā he whare parāoa tinitia i te wiki i mua o te Kirihimete. Ka meatia ki runga i te pouaka mātao, me tana whakahau kia kaua tētahi e pā atu tae noa ki te kai o te Pō o Mua Tonu i te Kirihimete.

Engari tē taea e au te kore e toro atu. I ia pō, ka konihi au ki raro, ka whawhati mai ai i tētahi wāhi moroiti o te whare parāoa tinitia. Ka mea au kia mōkitokito noa te wāhi ka pau i a au, kia kore ai a Māmā e mōhio.

Uaua ana te kore e nui ake i te rare kotahi, i te konga ririki rānei i ia pō, engari tutuki ana i a au.

Kīhau au i mōhio ki te rahi kua pau i a au, tae rawa ki te wā i tangohia mai ai e Māmā i te pouaka mātao i te Pō o Mua Tonu i te Kirihimete.

I a Māmā ka mea nāku i pau ai ngā rare katoa, ka whakakāhore atu au. Heoi, he pai ake mēnā au i whakaae noa atu. He utu nui anō tō te teka.

Kua riro hoki i a Māmā he mahi tuhi kōrero mō te whakatupu tamariki i te nūpepa o te tāone, me te kore e mutu o tana kimi kōrero mō roto. Nā taua mahi āku, ka hau aku rongo ki te hapori.

nā Susan Heffley

Ina tito tō tamaiti

Ko ngā wiki i mua tonu o te Kirihimete, he wā e tau ai pea te pōkaikaha ki tō tamaiti. He nui anō ngā whakawai i a ia. Mō taku tama, a Gregory, …

Ka mutu i a au ka whakaaro ake, mō te tito, ehara i te mea he hara kore a MĀMĀ.

E maumahara ana au, i a au e iti ana, ka kite ia kāore au i te horoi i aku niho i ia pō. Ka whakataruna e waea atu ana ia ki te rata niho. Nā taua waeatanga atu, ko aku taitainga niho e whā i te rā, ā mohoa noa nei.

Rāmere

E toru rā kua hipa, e mau tonu ana au ki taku kupu ki a Māmā. 100% te pono o aku kōrero katoa. Ka mutu, kāore i pērā rawa te uaua.

Me te mea nei he here kua makere i a au. E rua pea ngā wāhi i pono ake ai taku kōrero, tēnā i taku kōrero mēnā nō tērā wiki kē.

Ko tētahi, e kōrero ana au ki tētahi tamaiti kei te pae kiritata nei, ko Shawn Snella te ingoa.

Ā, inanahi nei, ka whakanuia e te whānau o Rowley te huritau o tana koroua.

Te āhua nei kāore e tino mihia ngā tāngata rite ki a au te pono. Nō reira tē aro i a au he aha i riro ai ko George Washington te perehitene.

Rāhoroi

I whakautu au i te waea i te rangi nei, ko Whaea Gillman o te PTA e kimi ana i a Māmā. Ka mea ki te hoatu i te waea ki a Māmā, ka kohimu mai ia kia kī atu au kāore ia i te kāinga.

E pēnei ana au, kei te nuka rānei a Māmā i a au kia rūkahu au, kei te aha KĒ rānei? Engari e kore au mō te kotiti i te ara o te pono mō TĒNEI mea noa iho te take.

Ka tohu au i a Māmā kia puta ki te mahau i mua i taku kōrero ki a Whaea Gillman.

I te āhua o te titiro mai a Māmā ki a au i tana hokinga ki rō whare, kua mutu pea tana whakahau kia ū mārika au ki te pono.

Rāhina

Ko te Rā Aramahi tēnei i te kura. I ia tau tū ai te Rā Aramahi hei whakatenatena i a mātou ngā tamariki kia whakaaro ki ngā rā kei tua.

Ka tae mai ētahi pakeke he mahi kē anō tā tēnā, tā tēnā. Ko te whakaaro ia, kia kite koe i tētahi mahi pai ki a koe, kua kitea he mahi māu ina pakeke koe.

Engari ko te mea kē e kitea, ko ngā mahi KĀORE e pai ki a koe.

I muri i ngā whakaaturanga, ka whakautua e mātou he rārangi pātai. Ko te pātai tuatahi, 'Kei hea koe tekau mā rima tau ake nei?'

He mōhio PAI au kei hea au tekau mā rima tau ake nei: kei taku hōpua, i taku whare kairangi, e tatau ana i aku moni. Engari karekau he pouaka tohuāe mō TĒRĀ kōwhiringa.

Te tikanga, mā te uiuinga e matapae te momo mahi e mahi ai koe ina pakeke koe. I te mutunga o te uiuinga, ka kimi au he aha tāku mahi i te tūtohi, ko te 'Kaiāwhina Tari'.

I hē pea tā rātou hoahoa i te puka, i te mea kāore au e mōhio ki tētahi pirionea koirā tāna mahi.

He tamariki atu anō i matakawa i ngā mahi i tohua mā rātou. Engari ka mea mai te kaiako he uiuinga hauarea noa, kaua e mānatunatu.

E kore pea a Edward Mealey e whakapono ki tērā. I tērā tau, ko te 'Kaitahi Whare' te mea i tohua māna i te tūtohi mahi. Mai i taua wā, kua rerekē ngā whanonga a ngā kaiako ki a ia.

Ko te 'tapuhi' te mahi i tohua mā Rowley, me tana pai ki tērā. He kōtiro tokorua anō ko te tapuhi i tohua mā rāua, me te aha, kōrerorero ana rāua ki a Rowley i muri i te akoranga.

Ā tērā tau, kei wareware au me noho au i te taha o Rowley, ka tārua ai i āna kōrero ki te puka tohu mahi, kia pērā hoki tōku whiwhi.

Rāhoroi

I te kāinga i te rangi nei, e noho tou noa ana māua ko Rodrick. Ka tonoa māua e Māmā ki te kāinga o Kui ki te kohikohi rau rākau.

Ka mea a Māmā, ka homai he $100, Tāra Kōkā nei, mō ia pēke ka whakakīia ki te rau. Ka mea mai hoki a Kui he tiakarete wera tāna ki a māua ina oti te mahi.

Kāore au i hiahia mahi, he Rāhoroi hoki, engari ka pai te moni. Ka mutu he tino reka ngā tiakarete wera a Kui. Ka kimihia ngā rēke me ngā pēke kirihou i tō mātou wharewaka, ka haere ki tō Kui.

I a au tētahi taha o te iāri, i a Rodrick tērā atu. Kīhai i pau he tekau meneti, ka haere mai a Rodrick, ka mea mai kei te hē katoa taku mahi.

Ki a ia, he nui NOA ATU ngā rau e kuhuna ana e au ki ia pēke i te rahi e tika ana. Ki te herea te pēke ki raro iho, ka tere ake te mahi.

Koinei rā ngā momo tohutohu e TIKA ana kia rere i te tuakana ki te teina.

Nō muri i tērā āwhina a Rodrick, ka tere kī ngā pēke. I pau katoa i te hāwhe hāora.

Nō tō māua kuhunga atu i te whare o Kui, kāore i marere noa mai ngā tiakarete wera. Engari me ū te tangata ki tāna i kī taurangi ai.

Rāhina

Mai i te Rā Aramahi, kua noho tahi kē a Rowley ki ētahi kōtiro i te kokonga o te wharekai i te tina. Ko ngā Tapuhi o Āpōpō ki Amerika pea tēnei.

Kāore au e mōhio he AHA ā rātou kōrero. He kohimu, he katakata te mahi, me te mea nei he tau tahi rātou.

Kia pēnei taku kōrero, kei noho rātou ka kōrero MŌKU.

Kei te mahara koe ki taku kōrero mō Rodrick, ko ia anake te mea mōhio ki taku whakamā nui o te raumati? Kāti, ko Rowley kei te mōhio ki te mea noho TUARUA mai i tino whakamā ai au. Kia kaua tērā e hahua ake e ia.

I te tau rima, he kaupapa tā mātou mō te Pāniora i tū atu ai mātou i mua i te akomanga ki te whakaari. Ko Rowley taku hoa whakaari.

Me reo Pāniora te katoa o te whakaari. Ka ui mai a Rowley ka aha au e whiwhi ai au i te rare. Ka mea atu au ka tū au ki taku upoko.

Engari i a au ka mahi ki te tū ki taku upoko, ka hinga haere, ka āhua pakaru i a au te pakitara, ki taku kumu tonu.

Kāore te kura i whakatika i te wāhi o te pakitara i hē, nō reira mō te roanga o aku rā i te kura tuatahi, kei te pakitara o te akomanga o Whaea Gonzales taku tānga kumu e whakaaturia ana ki te ao.

Mēnā e tukuna ana e Rowley tērā kōrero kia toro haere, taihoa ka mōhio te ao i pau i a wai te Tīhi.

Rāapa

I te rā nei ka kite au, mēnā au ka hiahia mōhio he aha ngā kōrero a Rowley me aua kōtiro, me pānui noa au i tana RĀTAKA. Kāore e kore e tuhia ana ngā tino kohimu o te wā ki te mea rā.

Ko te mate, kei te RAKA te rātaka a Rowley. Me i riro i a au, e kore tonu e taea te huaki. Kātahi au ka whakaaro ake, ki te hokona e au taua momo rātaka tonu kei A IA, ka riro mai anō te kī.

Nō te pō nei au ka haere ki te toa pukapuka, ka hoko i te mea whakamutunga i reira. Te tūmanako ka peipei te hokonga. I pau kē hoki tētahi haurua o aku Tāra Kōkā ki te hoko. Ka mutu, kāore a Pāpā i tino rata ki taku hiahia hoko i te Rātaka Kupu Muna Wainene.

Rāpare

I muri i te Whakapakari Tinana i te rā nei, ka kite au kua waiho e Rowley tana rātaka ki te paenoho. Ka tatari au kia kore he tangata, ka whakamahi ai i taku kī ki te huaki. Ehara, ka mahi tonu.

Ka wherahia, ka tīmata te pānui.

E taku Rātaka,

I te rā nei ka tākaro anō au ki aku Mokotora. Ko Mecharex ki a Triceraclops. Ka ngaua e Mecharex te hiku o Triceraclops.

AAOO! POKO-TIWHA

Huri ana a Triceraclops me te kī atu, kāti, anei tō kai, ka pupuhi i te nono o Mecharex.

Ka wherawhera au i ngā whārangi katoa me kore e kitea taku ingoa, engari huri he whārangi, huri he whārangi, ko ēnei tūmomo kōrero hakirara noa iho.

I taku kitenga e huri pēhea ana ngā roro o Rowley, kei konei au e rapurapu ana he aha māua i noho hoa ai.

Rāhoroi

Kua kotahi wiki pea e tino pai ana ngā āhuatanga ki te kāinga. Kua rewharewhahia a Rodrick, kua kore ōna kaha ki te whakararu i a au. Kei tō Kui a Manny, nō reira kei a au te tikanga mō te pouaka whakaata.

Inanahi nei, ka puta i a Māmā rāua ko Pāpā tētahi kōrero i ohorere ai au. E haere ana rāua ki wāhi kē mō te pō, mā māua ko Rodrick e tiaki te whare.

He mea nui tēnei. Taka mai ki tenei wā, TINO kore nei a Māmā rāua ko Pāpā e waiho i a māua ko Rodrick ki te kāinga, ko māua anake.

He mataku pea nō rāua ki te ngaro rāua, kua whakatūria e Rodrick he pāti nui, ka hē katoa te whare.

Engari i te mea kua rutua a Rodrick e te mate, kua pai tā rāua haere. Ka kauhau mai a Māmā mō te 'haepapa', mō te 'whakapono'. Tahi rāua ka wehe.

Puta KAU ANŌ a Māmā rāua ko Pāpā i te whare, kua mahuta ake a Rodrick, ko te waea kei te ringa. Ka waea haere ki ana hoa katoa, ka mea atu e tū ana he pāti.

Ka pēnei au me waea atu pea ki a Māmā rāua ko Pāpā, ka whāki e aha ana a Rodrick. Engari kāore ANŌ au kia tae ki te pāti kura tuarua, i te hiahia kite au he pēhea te āhua. Me nohopuku, ka kai ai i te wheako hou.

Ka tono a Rodrick kia heke au ki te rūma o raro, ka tiki tēpu pōkai, pēke tio anō i te pouaka tio. Nō te 7.00 pea o ngā hāora ka tīmata te tae mai o ngā hoa o Rodrick. Mea ake, kua tūtū ngā waka maha ki waho, ki ngā taha e rua o te huarahi.

Ko te tangata tuatahi ka kuhu mai, ko Ward, tētahi o ngā hoa o Rodrick. Whai i muri, ko huhua noa. Ka mea a Rodrick me tiki tēpu anō. Heke atu ana au ki te tiki.

Te taenga atu ki raro, ka rongo au i te kūaha e rakaina ana i muri i a au.

Ki konā au paopao ai i te kūaha, heoi anō tā Rodrick he whakakaha ake i te hoihoi o te puoro kia kore ai au e rangona. Ana, ka mau au ki reira.

He kore nōku e mōhio ka āta māminga a Rodrick i a au.

He aha au i whakaaro ai ka tuku a Rodrick i a au kia whai wāhi ki ngā mahi.

Ki tāku i rongo ai, he pāti e nui ana te ngahau. He KŌTIRO anō pea i tae mai, engari kāore au e mōhio pū me i tika tāku. He uaua hoki te whai haere e aha ana te aha mā te titiro noa ki te wāhi whakararo o ngā hū.

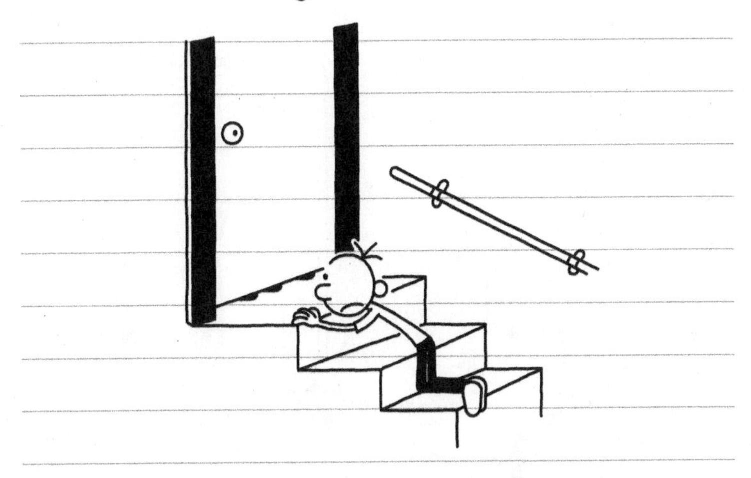

E haere tonu ana te pāti i te 2.00 i te ata, engari ka tautuku au i konei. Ka takoto au ki tētahi o ngā moenga wātea i te rūma o raro, ahakoa kāore he paraikete. I tata hemo au i te makariri, engari TĒ toro taku ringa ki tētahi o ngā paraikete i te moenga o Rodrick.

Te āhua nei i unuhia te raka o te kūaha i te pō, i te mea i taku ohonga ake i te ata, e huaki ana. Ka piki au ki runga. Me te mea nei kua pākia te ruma whānau e te hau āwhio kino.

Nō te 3.00 rā anō i te ahiahi i wehe ai te whakamutunga o ngā hoa o Rodrick. Kātahi au ka whakahaua e Rodrick kia āwhina i a ia ki te whakatika whare.

Ka mea au he pōrangi ia ina whakaaro ia ka āwhina au. I reira ka mea mai a Rodrick ki te mau tana mahi hē, ka mea ia kia raru pai ko MĀUA TAHI.

Ko tāna, ki te kore au e āwhina ki te whakatika i te whare, ka whakaatuna ki aku hoa he aha te raru i pā ki a au i te raumati.

Uaua ana te whakapono ka pērā rawa te mahi kino a Rodrick. Engari i kite au he pono ana kōrero, tahuri kau ana ki te mahi.

Te tikanga ka tae mai a Māmā rāua ko Pāpā i te 7.00. Ko te NUI AI o ngā mahi e toe ana.

He uaua hoki te muku atu i ngā tohu katoa o te pāti, i te mea i waiho atu e ngā hoa o Rodrick he para ki ētahi wāhi rerekē noa iho. Arā au e tiki patarau ana hei kai māku, ka taka mai i te pouaka te toenga o tētahi wehenga parehe.

I te 6.45, kua tata oti ngā mahi. Ka piki au ki te tāuwhiuwhi, i reira ka kite i te karere kua tuhia ki te taha roto o te kūaha o te rūma kaukau.

Ka mahi au ki te muku atu ki te hopi me te wai, engari he mea tuhi pea ki te pene waipūmau.

Kua tae tonu mai a Māmā rāua ko Pāpā. Ka mate māua i konei. Tahi ka toko ake i a Rodrick he nuka ihumanea tonu. Me WHAKAWHITI te kūaha me tētahi o ngā kūaha o te kāpata i te taiwhanga o raro.

Ka tīkina ngā tūwiri, ka tere tahuri ki te mahi.

Ka mea ā ka maunu mai te kūaha i ōna kokopi, kawea atu ana ki raro.

Ko te kūaha o te kāpata i te rūma o Rodrick i te taiwhanga o raro, ka kawea ki RUNGA.

Mutu kau anō te mahi, kua pau anō te tāima. Nō te whakakikītanga o te kōwiri whakamutunga, ka ū mai te waka o Māmā rāua ko Pāpā.

Kitea atu ana tō rāua tānga manawa kāore i kainga te whare e te ahi i a rāua e ngaro ana.

Heoi anō, taihoa pea tō māua tānga manawa ko Rodrick. I te āhua o tā Pāpā āta ketuketu haere i te pō nei, e kore pea e roa, ka mōhio ia i tū he pāti i konei.

I waimaria pea a Rodrick i tēnei wā. Engari me kī pēnei ake au, māringanui kāore a MANNY i konei, kīhai ia i kite i te pāti. He TINO kawe kōrero a Manny. Mai i te wā i tīmata ai tana kōrero, kua kawe kōrero ia mōku. Kua hari kōrero hoki mō aku mahi i mahia ai i MUA i tana mōhio ki te kōrero.

I taku itinga, ka pakaru i a au te tatau kōataata i te rūma noho. Kāore he tohu taunaki e mōhio pū ai a Māmā rāua ko Pāpā i pakaru i a au. Ka hemo i konā te tao whakapae, ka ora ko au. Engari i reira a Manny. E rua tau i muri mai, ka whākina e ia taku hara.

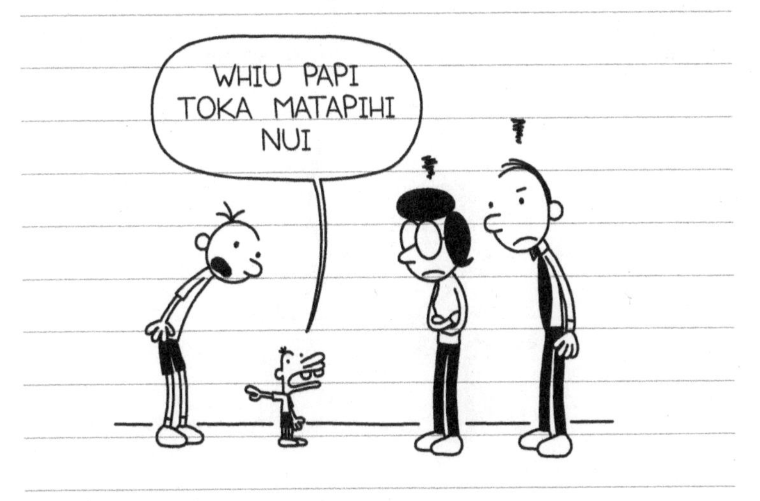

Ka tīmata a Manny ki te kōrero, ka nui taku māharahara ki aku mahi kino i kite rā ia i a ia e kōhungahunga ana.

I kino hoki ahau ki te hari kōrero, tae noa ki te wā i mau ai taku iro. I tētahi rangi, ka hari kōrero au mō te kanga a Rodrick. Ka ui mai a Māmā he aha tana kupu kino, ka tuhia e au. He kupu roa tonu.

Te tukunga iho, ka horoia ko tōku waha ki te hopi, he mōhio nōku ki te tātaki i te kupu kino, ka mutu kāore a Rodrick i paku whiua.

Rāhina

He mahi tāku mō te Reo Ingarihi me oti āpōpō. Me tuhi he 'kōrero whakarite'.

He momo paki tēnei e kōrero ana mō tētahi mea, kei wāhi kē ia te aronga. Kāore he hiringa i roto i a au, tahi au ka kite i a Rodrick e whakatika ana i tana waka, toko ake ana i reira he ariā pai.

Ka Hē a Rori
Nā Greg Heffley

Tērā tētahi makimaki ko Rori te ingoa. E aroha nuitia ana a Rori e te whānau e noho rā ia, ahakoa te nui o ana mahi hē.

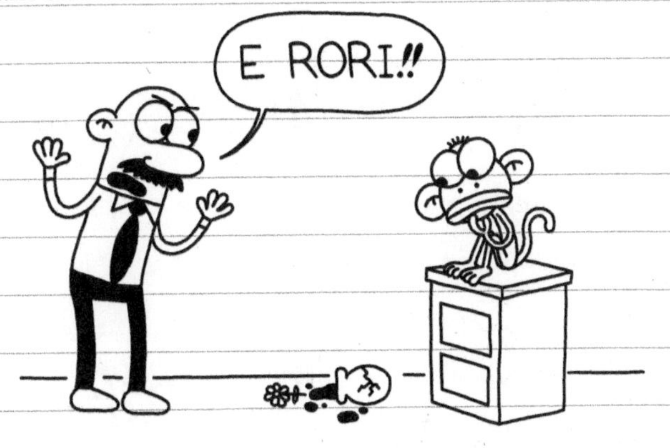

I tētahi rā ka whakatangi pokerehū a Rori i te pere o te kūaha. Pōhehe ana te whānau he mea mahi mārire nāna. Hoatu ana he panana hei mihi i a ia.

Hua ana a Rori he makimaki tino ihumanea ia. Nō tētahi rangi ka rongo ia i tana rangatira e mea ana –

Whewheo ana te pīnati mohoao o Rori ki te kimi rongoā. Nā wai ā, ka kitea e ia me aha:

Ao ake, pō iho, e karawhiua ana te mahi – kia pokatata ki te mutunga o tēnei pakiroa – kāore i hua ake he waka ora.

Nō te tatūnga, kua ako a Rori i tētahi mea nui: He makimaki a Rori. Kāore te makimaki e whakatika waka.

KA MUTU

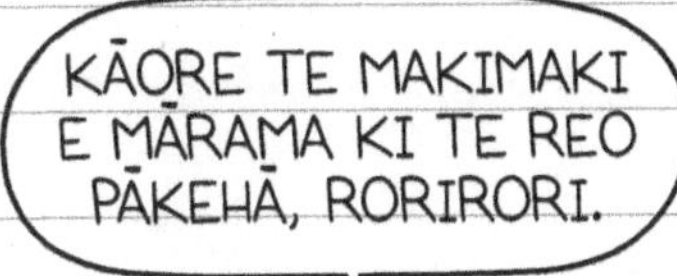

Ka oti i a au taku tuhinga, ka whakaaturia ki a Rodrick. Ehara, pahemo ana te tino tikanga i a ia.

Kua kōrero kē au, kei te mōhio a Rodrick kua mau pai au i te 'muna' e mōhio ana ia mōku. Nō reira, ina taea e au te tuku tao, me tuku ka tika.

Rāapa

Koinei te rangi tuatahi o Manny ki te kura kōhungahunga. Te āhua nei kāore i tino pai.

Katoa ērā atu i reira, i tīmata i te Mahuru. Engari nō tērā wiki kē a Manny i mōhio pai ai ki te whakamahi i te pō mimi, koinā ia i mate ai ki te whanga ki nāianei mō te piki ake i te whare tiaki.

Ko te pāti Harawiwini a te whare kōhungahunga i te rā nei. Ehara pea i te rangi pai mō te tūtaki ki ana hoa akomanga.

Ka mate ngā kaiako ki te waea atu ki a Māmā, ka tono kia haere ake ki te tiki i a Manny.

Kei te maumahara au ki TŌKU rangi tuatahi i te whare kōhungahunga. Kāore au i mōhio ki tētahi atu, me taku wehi ki te noho tahi ki ngā tamariki tauhou. Heoi anō, ka haere mai tētahi tamaiti ko Quinn te ingoa, ka kōrero mai.

Kāore au i mārama ki tērā kōrero whakakata. Āhua tumeke nei au.

Ka mea au ki a Māmā kāore au i hiahia hoki ki te kura kōhungahunga, me taku whakaatu i te kōrero a Quinn.

Ka mea mai a Māmā i te whakangahau noa a Quinn, kaua noa e kaha aro atu.

I a Māmā ka whakamārama mai i te tikanga, ka kite au i te ngahau. Me taku rikarika kia tere hoki au ki te kura, māku kē taua kōrero whakakata ki tētahi atu.

Engari kāore i tino rite te whaihua.

WHIRINGA-Ā-RANGI

Rāhina

Kua hipa atu i te wiki mai i te pāti a Rodrick. Kua mutu taku āwangawanga kei mau māua i a Māmā rāua ko Pāpā. Engari e mahara ana koe ki taua kūaha i te rūma kaukau i whakawhitia? I wareware i a au, engari nō te pō nei ka ara ake anō.

I taku rūma a Rodrick e whakararu ana i a au, ka haere a Pāpā ki te rūma kaukau. Kīhai i taro, ka puta i a ia he kōrero i tūtakarerewa ai a Rodrick.

Pēnei au kua mate māua. Ki te mōhio a Pāpā i ahatia te KŪAHA, e kore e roa ka mōhio mō te pāti.

Engari kīhai i taka te kapa.

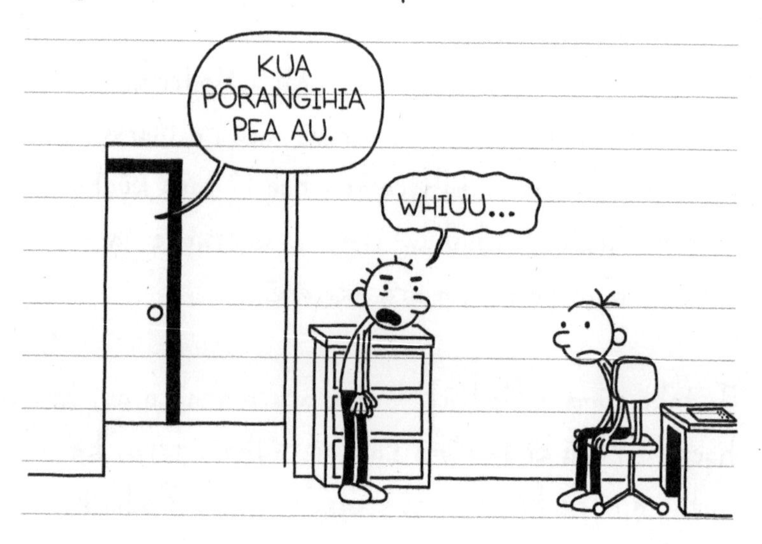

He pai tonu pea kia mōhio a Māmā rāua ko Pāpā i tū te pāti. Ka mauheretia a Rodrick, ka RAWE hoki tērā. Ki te kitea he huarahi e whākina ai me te kore o Rodrick e mōhio, kua pērā au.

Rātū

I tae mai te reta tuatahi a taku hoa tuhi reta Wīwī, a Mamadou, i te rā nei. Whakatau ana au me huri pea aku whakaaro, me aro nui ki te mahi tuhi reta nei. I taku reta ki a Mamadou i te rā nei, ka mahi au kia kaha taku āwhina atu.

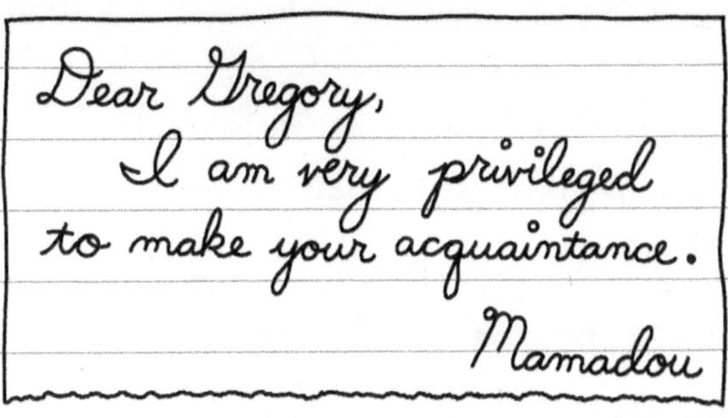
Dear Gregory,
I am very privileged to make your acquaintance.
Mamadou

Dear Mamadou,

I'm pretty sure "aquaintance" doesn't have a "c" in it.

I really think you need to work on your English.

Sincerely, Greg

He pōrangi te kore o Madame Lefrere e whakaae kia whakawhiti īmēra kē mātou me ō mātou hoa tuhi reta. Kua kaha whakawhiti kōrero a Albert Murphy rāua ko tōna hoa, he nui te moni kua pau ki ngā pane kuīni.

Dear Jacques— How old are you?	Dear Albert, 12.	Dear Jacques— Oh.

UTU: $14

Rāmere

Ka puta ngā mātua o Rowley ki te kai i te pō nei, me tā rāua whakarite kaitiaki mōna.

Kāore au e mōhio he aha te hē o te waiho mā Rowley tonu a ia e tiaki mō ētahi hāora ruarua. Heoi anō, kāore he amuamu i konei. Ko Heather Hills tana kaitiaki, ko ia te kōtiro ātaahua katoa i te Kura Tuarua o Whitiwhenua.

Nō reira, kia puta ngā Jefferson, kotahi atu au ki tō Rowley mō te 'wā kōrero paki'.

Nō te 8.00 pea au i piki ai ki tō Rowley i te pō nei. Ka uwhiuwhi hoki i a au ki te whakakakara a Rodrick kia pai mai ai a Heather ki a au.

Ka pātōtō au i te kūaha, ka tiaki i a Heather. Ohorere ana au i te kite atu ko Leland, te kiritata o Rowley, ko ia kē i te kūaha.

He uaua te whakapono kua kore a Heather, ko LELAND kē tā ngā mātua o Rowley i whakarite ai hei kaitiaki. He kore nō rāua e mātua pātai mai ki a au i mua i te kawe ake i tētahi mahi heahea PĒRĀ.

Nōku ka mōhio kua kore a Heather, huri ana au, anga ana taku ihu ki te kāinga. Engari ka tono a Rowley i a au kia noho atu ki te tākaro tahi i te Whaiwhaiā me te Taniwha ki a rāua.

Heoi anō te take i 'āe' atu ai au, he pōhēhē nōku he kēmu ataata. Engari ia, he penerākau, he pepa, he mataono motuhake kē ngā taputapu, me tō 'auahatanga' anō, e ai ki te kōrero.

I autaia tonu te pai, i te mea arā noa atu ngā mea e taea ana i te Whaiwhaiā me te Taniwha e kore rawa e whakaaetia i te ao tūturu.

Te hokinga ki te kāinga, e kōrero ana au ki a Māmā mō te Whaiwhaiā me te Taniwha, me te pai o Leland hei Kaitiaki Poka Mauhere. Ka rongo a Rodrick, ka mea mai ko Leland te tino pakihawa i tana kura tuarua.

Engari koinei te kupu a te tangata heoi anō tāna i ngā Pōhoroi, he tuku ruaki horihori ki ngā waka i te tūnga waka o te Warewhare. Nō reira, hei aha noa pea i aro atu ai.

Rāapa

I ia rā i muri i te kura, kua haere au ki tō Leland ki te tākaro i te Whaiwhaiā me te Taniwha. E haere ana anō i te rā nei, ka haukotia au e Māmā i te kūaha.

Kua matakana a Māmā i te Whaiwhaiā me te Taniwha.

I te āhua o ana pātai, e pōhēhē ana pea kei te whakaako a Leland i a māua ko Rowley ki ngā mahi mākutu. I te rā nei, i te hiahia haere ia i TAKU TAHA ki tō Leland ki te mātaki i a mātou e tākaro ana.

Ka INOI au i a ia kia kaua e haere mai, he mōhio nōku kāore ia e pai ki te nui o te tūkino i te kēmu, ka tahi.

Ka rua, ka hē katoa i a ia te pārekareka e rongo tahi ana mātou.

Nōku ka inoi i a Māmā kia kaua e haere mai, ka nui KĒ ATU tana anipā. Tē taea ōna whakaaro te ueue.

Kāore he aha ki a Rowley rāua ko Leland i reira a Māmā. Engari kīhai i pārekareka ki a au. Ka nui taku whakamā i te tākaro i mua tonu i te aroaro o taku whaea.

Pēnei ana au taihoa ka hōhā a Māmā, ka hoki ki te kāinga. Tēnā wawata tēnā. Ka tae ki te wā i tino mahara ai au ka wehe, ka mea mai e mina ana ia kia kuhu ko IA ki te kēmu.

I konā ka huri a Leland ki te whakarite kiripuaki mā Māmā, ahakoa taku rotarota ka tino hē ina pērā.

I a Leland e whakarite kiripuaki ana mā Māmā, ka mea a Māmā ko tana hiahia, kia noho ko IA te whaea o TĀKU kiripuaki i roto i te kēmu.

Ka tere taku teka atu e kore tērā e taea, he pani katoa hoki ngā kiripuaki o te Whaiwhaiā me te Taniwha.

I whakapono mai ia. Engari me te ui anō i a Leland mēnā ka taea te TAPA tana kiripuaki ki te ingoa 'Māmā'. 'Āe' atu ana ia.

Me mihi te atamai o Māmā i tana kite iho me pēhea te karo i te raru. Engari mōku nei, ka hē i reira te roanga atu o te kēmu.

Ahakoa ehara a Māmā i taku whaea tūturu i te kēmu, ko tana WHAKAARI, me te mea nei ko ia tonu taku māmā.

Ka tae ki te wā kei te whare inuinu mātou e tatari ana ki tētahi pūrahorua. Ka tonoa e taku tauwhena, e Kimiora, he waipiro māna, he momo pia kei te ao Whaiwhaiā, Taniwha. Te āhua nei kāore a Māmā i pai ki TĒRĀ.

Ko te wāhi hē katoa o te kēmu, ko te pakanga. Ko te tino kaupapa, kia hemo i a koe te maha katoa o ngā taniwha e taea ana, kia nui ai ō whiwhinga. Mā reira koe e piki ai ki taumata kē.

Engari kāore pea tērā i mau i a Māmā.

He hāora pea e pēnei ana, kua hiahia au kia mutu taku tākaro. Kohia ana aku mea, ko tō māua hokinga tēnā ko Māmā ki te kāinga.

I te hokinga atu, e whakamihi ana a Māmā i te Whaiwhaiā me te Taniwha, e mea ana tērā e pakari ake aku 'pūkenga pāngarau', aku aha ake rānei i taua kēmu. Heoi anō tāku, kia kaua e auau tana tae ake ki ēnei tākaro. Inā rā, kia taea e au, kei te tukuna e au a 'Māmā' ki te kāhui Oka.

Rāpare

I muri i te kura i te rā nei ka kawea au e Māmā ki te toa pukapuka. Ka hokona e ia te nuinga o ngā pukapuka Whaiwhaiā me te Taniwha e noho ana ki te pae. E $200 pea i pau i a ia, me taku kore e mate ki te tuku i tētahi Tāra Kōkā kotahi nei.

Kāore pea i tika taku whakapae wawe mō Māmā. Ka mutu kāore pea i pērā rawa te kino o tana noho ki tō mātou rōpū.

Kua rite au ki te kawe i aku pukapuka hou ki tō Leland, ka rongo au he here anō kei ngā pukapuka.

I hokona e Māmā aua pukapuka kia tākaro tahi ai māua ko RODRICK i te Whaiwhaiā me te Taniwha. Ki a ia, he huarahi e houhia ai te rongo i waenga i a māua.

Ka mea a Māmā ki a Rodrick ko ia hei Kaitiaki i te Poka Mauhere, pērā i a Leland. Ka haupū atu a Māmā i ngā pukapuka ki te moenga o Rodrick, me te tono anō kia pānuitia e ia.

He kino te tākaro i tō Leland i te aroaro tonu o Māmā, engari me whakarea tērā ki te tekau, hei tērā takiwā te kino o te tākaro ki a Rodrick.

E kore a Māmā e neke i tana hiahia kia tākaro tahi māua ko Rodrick, nō reira kua mōhio au hei aha te karo. Kotahi hāora au i taku rūma e whiriwhiri ana i ngā ingoa kiripuaki pērā i a 'Tio', i a 'Rāpata', e kore e taea e Rodrick te raweke.

Ka oti tēnā, ka tūtaki māua ko Rodrick ki te kīhini, ka tīmata te kēmu.

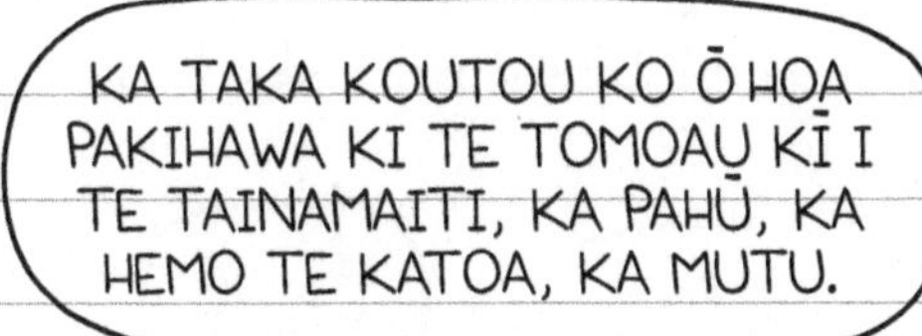

He taonga tonu pea te mate wawe. Te tūmanako i puritia e Māmā ngā rihīti mō aua pukapuka.

Rāmere

E tino aukatia ana e ngā kaiako te tārua a tētahi ākonga i ngā whakautu a tētahi i tēnei tau. Kei te maumahara koe i mea au e koa ana au kei te taha o Alex Aruda au mō te Pāngarau-Tōmua? Kua KORE tērā i whaihua.

Ko Whaea Lee taku kaiako Pāngarau-Tōmua. E whakapae ana au i a ia anō a Rodrick i te kura waenga, i te mea kāore e mutu tana KĀEAEA mai ki a au.

Ka tino pai mēnā he karu kōata tōku. Ka pai mō ngā tini māminga hātakēhi nei i aku hoa.

Engari ko te tino mahi māna, he āwhina ki te whakapai ake i aku māka.

I te rā tuatahi o te kura, ka meahia te karu kōata kia anga whakararo, pēnei nā:

Kātahi ka haere ki te kaiako, ka mea atu, 'Tēnā, kia mōhio noa mai koe, he karu kōata tōku. Kei pōhēhē koe e titiro ana au ki ngā pepa a ētahi atu.'

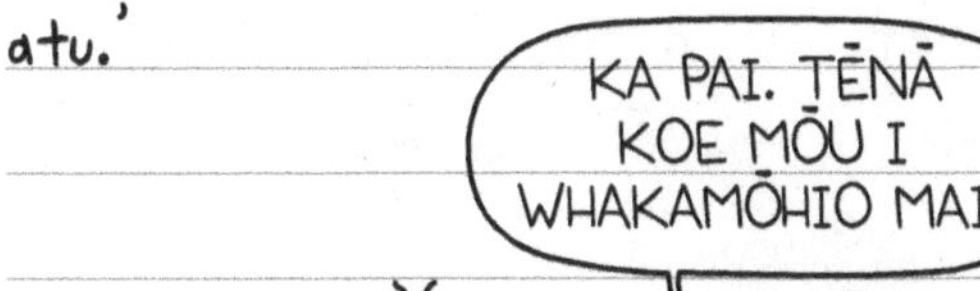

Kia tae ki te whakamātautau, ka mea au kia anga whakararo te karu kōata ki TĀKU pepa, ko te karu TŪTURU ki te pepa a tētahi kakama.

Ana kua pai te tārua! Tē kite te kaiako pohe.

Heoi anō te mate, KAREKAU aku karu kōata. Ki te ui mai a Māmā he aha i pari ai taku ihu i te patapatainga Pāngarau i te rā nei, koinā taku karo.

Rātapu

He rite tonu te pati moni a Rodrick i a Māmā rāua ko Pāpā i ēnei rā nei. Te āhua nei kāore i tino nui te hua o te kaupapa Tāra Kōkā ki a ia. Kua akiaki a Māmā kia nui ake āna mahi i te kāinga, e nui ake ai te moni ki a ia, engari kua āhua takahē anō tērā.

Engari i te pō nei, ka kitea e Māmā he huarahi e āta mahi moni ai a Rodrick. Ka tukuna mai e te kura he pānui e mea ana kua aukatia ngā Akoranga Puoro i te mea kua iti ake te pūtea, me whakarite kē he akoranga puoro tūmataiti.

Ka mea a Māmā mā Rodrick AHAU e whakaako ki te tāpatupatu pahū, ā, mā Māmā ia e UTU.

I toko ake pea i a Māmā tēnei whakaaro, he rongo nōna i a Rodrick e kī ana ki te marea he 'kaipatu pahū tūturu' ia.

Arā tētahi whakaaturanga i te tāone nei ko Harakoa Hapori te ingoa, e tūtū ai ngā mātua o te hapori ki te whakaari, ki te whakangahau. Kua rua wiki pea tēnei e tū ana ki te whare tapere o te tāone.

I tētahi pō tata nei, ka māuiui te kaipatu pahū, riro ana ko Rodrick te whakakapi, ā, i utua ia ki te rima tāra.

Āe rānei he 'kaipatu pahū tūturu' a Rodrick i tērā? A aua, engari i kōrerotia tonutia e au ki ngā kōtiro i te kura, mei kore rātou e aronui mai ki a au.

I a Māmā ka kī atu ki a Rodrick māna au e whakaako ki te tāpatupatu pahū, kāore ia i hiahia. Kātahi a Māmā ka mea ake ka utua ia ki te tekau tāra mō ia akoranga, ka mutu ka pai taku tono i ētahi hoa kia noho ki te ako i taku taha.

Nō reira kua mate taku kimi taiohi anō mō te Kura Pahū a Rodrick. Kua mōhio kē au, kāore tēnei e pārekareka ki a au.

Rāhina

Kāore aku hoa i pīrangi kuhu mai ki te kura pahū a Rodrick, atu i a Rowley. Ka mutu i āhua nuka au i A IA. Kei te hiahia ako a Rowley ki te patupatu i aua pahū kei ngā pēne rangatū.

Ka mea au ki a Rowley e mōhio PŪ ana au koinā te mea ka ākona ā te wiki tuawhā. Manawarū ana a Rowley i tērā.

Heoi anō taku koa, ehara ko au anake kei ngā akoranga pahū.

Ka tae mai a Rowley i muri i te kura, ka heke māua ki te taiwhanga o raro mō te akoranga tuatahi. Ka tīmata a Rodrick ki ētahi tauira patupatu pahū māmā nei.

Kotahi noa te papa whakaharatau, nō reira ka mate a Rowley ki te whakamahi i te pereti pepa me ngā taputapu kai kirihou. Koirā pea te āhua mēnā ko koe te whakamutunga ka uru ki te akoranga – 'e muri kai pereti'.

Tekau mā rima meneti pea i muri mai, ka waea mai a Ward ki a Rodrick. Mutu tonu atu i reira tā māua akoranga tuatahi.

Kāore i pai ki a Māmā tā māua hoki wawe ko Rowley ki runga, ka tukuna māua kia hoki anō ki raro. Ki tāna, kia homai rawa e Rodrick he mahi whakawai mā māua, hei reira māua piki anō ai ki runga. Nō reira ka pērā ia.

Rātū

I tū anō tā māua akoranga pahū ko Rowley i te taha o Rodrick i te rangi nei.

He pai pea a Rodrick ki te tāpatu pahū, engari ehara ia i te kaiako pai. I tino whai māua ko Rowley kia tika ngā tauira patupatu i homai e Rodrick, engari ka rite tonu te hē, ka hōhā a Rodrick.

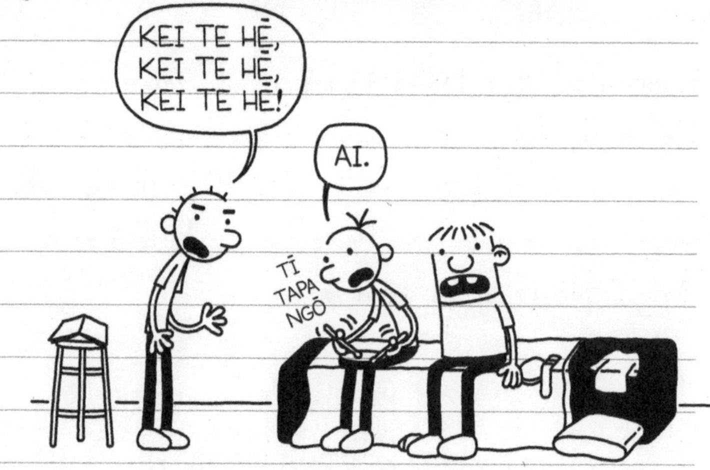

Nāwai ā, ka tino kino te hōhā, tangohia ana ā māua rākau. Ka noho a Rodrick ki ana pahū, ka mea ake 'mātaki mai, ka ako ai'. Ka karawhiu mai i tētahi patupatu takitahi tino roa nei, kāore ōna hāngaitanga ki ngā tauira e whakaakona ana ki a māua.

Kāore hoki i ara ngā mata o Rodrick i ana pahū i a māua ko Rowley ka wehe, ka piki anō ki runga.

Heoi anō, kāore he amuamu i konei. Ki a au nei, nō mātou katoa te whiwhi.

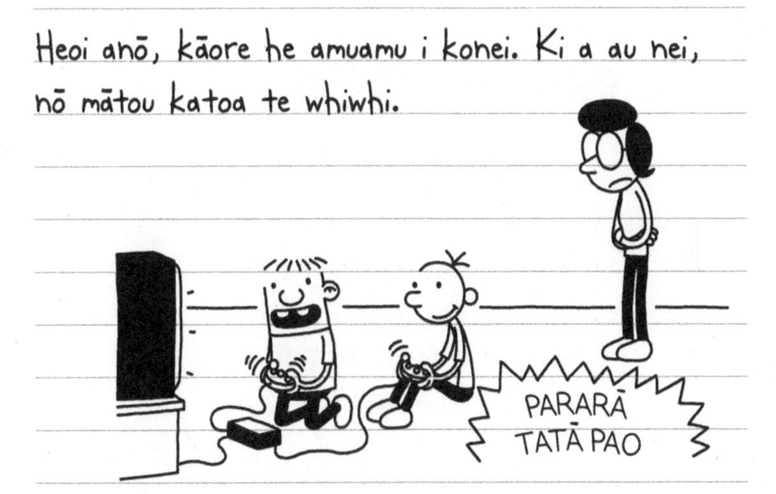

Rāpare

He tuhinga Hītori me oti i a mātou i te rā i mua i te Whakawhetai. Kia tere pea taku anga nui ki taua mahi.

Kua kaha ake te whakawāwā a ngā kaiako i te tika o ā mātou tuhinga. Kua kore i whakaaetia te āhua o taku mahi i mua.

I tērā wiki, he tuhinga me oti i a mātou mō te Pūtaiao. Ka mea a Whaea Breckman me kōwhiri he kararehe, ka tuhi kōrero ai mōna. Ko te pihiringa tāku i tīpako ai. He mōhio au arā te mahi tika, ko te haere ki te whare pukapuka, rangahau ai, engari ka mahi au ki te tene.

Te Pihiringa Whakahirahira

Nā Greg Heffley

Ana kai: He tini noa ngā kai a te pihiringa, ka roa rawa te rārangi ina tuhia. Ko te mea tere ake māku, otirā mā te kaipānui anō, ko te tuhi i ngā mea KĀORE e kainga e te pihiringa.

PIA NGAUNGAU MAITAI PAREHE

Ahakoa he kāinga pihiringa kei ngā wāhi huhua noa, kua tata korehāhā te pihiringa.

Kei te mōhio te katoa i takea mai te pihiringa i te manu, pēnei i te tangata. Engari ko tātou i whai ringa, ko te pihiringa, i whai pihi rite ki te ringa te hanga, kāore kau ōna take.

KA MUTU

Ki a au nei, i autaia tonu taku mahi. Engari he kaimātai pihiringa pea a Whaea Breckman, i te mea i tonoa au ki te whare pukapuka ki te tuhi anō i taku kōrero mai i te tīmatanga.

Ka mutu kāore e māmā ake te tuhinga WHAI I MURI. Me tito he ruri mō ngā tau o ngā 1900, ki te akoranga a Matua Huff. He tino kūare au ki te Hītori ME te tito ruri. Kia tere tonu pea taku wherawhera i ngā pukapuka.

<u>Rāhina</u>

I tō Rowley au inanahi, he tākaro kēmu papa te mahi, ka pā tētahi āhuatanga tino mīharo nei. I a Rowley i te whareiti, ka tūpono noa taku kite i ētahi moni tākaro e whātare mai ana i te pouaka o tētahi atu kēmu.

Pēnei au, kei te tika rānei tā aku karu? Ko te moni o taua kēmu, i rite PŪ ki ngā Tāra Kōkā a Māmā.

Nō te tatauranga, ko tōna $100,000 ngā moni i taua pouaka.

Kīhai i pau te rua hēkena, kua mōhio au me aha au.

Taku taenga atu ki te kāinga, ka oma ki runga, ka puru i ngā moni ki raro i taku moenga. Pau ana te pō he hurihuri te mahi, he whiriwhiri me aha e au aku Tāra Kōkā hou.

I mōhio au ka kite tonu pea a Māmā he rerekē ngā Tāra Kōkā horihori i ngā mea tūturu. Nō reira i te ata nei, ka whakaritea he paku whakamātau.

Ka pātai au ki a Māmā mēnā e pai ana taku whakapau i ētahi o aku Tāra Kōkā hei hoko pane kuīni mō taku reta ki taku hoa tuhituhi. E wiriwiri ana au i a au ka hoatu i ngā moni ki a Māmā.

I tangohia noatia e ia, kāore i kimo, kāore i aha.

Taku māngari nui! Hei te mutunga rā anō o te kura tuarua, ahu atu pea, pau ai te $100,000 nei. Hei aha pea taku kimi mahi tūturu ā tōna wā.

Ko te mea nui, kia kaua e nui rawa ngā tāra e tukuna i te wā kotahi. Ki te pērā, ka mōhio a Māmā he nuka kei te haere.

Me whai anō hoki au kia riro mai he Tāra Kōkā tūturu i ōna wā anō, kia kore ai e rapurapu tana hinengaro.

Ko tētahi mea e mōhio ana au, e kore e pau ngā moni ka homai e Māmā hei hoko pane kuīni.

I tae mai he whakaahua i taku hoa tuhi reta, i a Mamadou, inanahi nei. E kore au mō te tuhi anō ki A IA.

Rātū

Te tikanga me oti taku tuhinga nui mō te Hītori āpōpō. Engari ko te kōrero i tēnei wiki, kotahi putu te mātotoru o te hukarere ā te pō nei.

Nō reira, kāore aku māharahara.

Nō te 10.00 pea, ka titiro au ki waho kia kite ai au e hia īnihi te mātotoru o te hukarere i te papa. I a au ka huaki i te ārai, kua hori anō aku karu.

Taukiri ē. Pēnei au ka WHAKAKOREA te kura āpōpō. Ka whakarongo au ki ngā rongo o te wā, kua rerekē KATOA ngā kōrero a te tohunga huarere, tēnā i ō te toru hāora ki muri.

Kia hohoro tonu taku tahuri ki taku tuhinga Hītori. Ko te mate kē, kua kati kē te whare pukapuka, kāore hoki he pukapuka i tō mātou whare e pā ana ki ngā 1900. Kia tere taku kimi oranga mōku.

Kātahi ka toko ake he whakaaro tino pai.

He tini NGERONGERO ngā wā kua ora a Rodrick i a Pāpā. Nō reira, ko Pāpā anō hei oranga mōku.

Ka kōrero atu au i taku raru ki a Pāpā, me taku whakapono ka āwhina mai. Engari te āhua nei kua mau tana iro.

I rongo pea a Rodrick i a au e kōrero ana ki a Pāpā. Ka mea ia me whai atu au i a ia ki raro.

Nā, kua kī atu au ki a koe ko tōku nei kaiako Hītori, a Matua Huff, ko ia anō te kaiako o Rodrick i te kura waenga. Te āhua nei ko tā mātou taumahi, koia PŪ te mea i hoatu ki a Rodrick mā i te wā i a rātou.

Ka paraketu haere a Rodrick i tana hautō utauta, ka kitea tana tuhinga tawhito, me te kī mai ka hokona ki a au mō te rima tāra.

Ka mea atu au e KORE RAWA au e pērā.

Engari ko roto e āhua mina ana. Tuatahi ake, katoa ngā tuhituhi a Rodrick kua whakatikahia e Pāpā, nō reira i pai te māka i homai. Tuarua, kei tētahi o aua kōpaki kirihou e mihia nuitia ana e ngā kaiako.

Āpiti atu ki tēnā, kei raro i taku moenga te mahi a te Moni Kōkā, he māmā noa te utu i a Rodrick.

Heoi anō, tē taea e au. Kua tārua au i ngā whakautu a ētahi i ngā mea pērā i te patapatainga, engari ko te HOKO i te tuhinga a tētahi, kei taumata noa atu te kino o tērā.

Nō reira, oti ana te whakatau me manawanui, māku anō taku tuhinga.

Ka noho au ki te rangahau i te rorohiko, engari i waenganui pō, ka pā te aitūa kino katoa o te ao: Ka weto te hiko.

I konā ka mōhio au kua takerehāia taka waka. Ki te kore e tukuna he tuhinga, kāore au e puta pai i te Hītori. Nō reira, ahakoa taku manawapā, ka aro au ki te whakaaro o Rodrick.

Kohikohia ana e au te $500 Moni Kōkā nei, heke ana ki te taiwhanga o raro. Engari kua whakauaua mai a Rodrick.

Ka mea mai a Rodrick ko te $20,000 Moni Kōkā te utu hou. Ka mea atu au kāore i a au, ka huri noa atu ia, ka moe anō.

I konā kua kiriwera au. Ka piki ki runga, ka kapo atu i ētahi tāra tahi mano kia kī rawa taku ringa, ka heke anō ki te rūma o Rodrick. Ko te moni i riro atu, ko te pepa i riro mai. Raru pai ana taku ngākau ki tāku i mahi ai, engari ka āta peia atu tēnā i aku mahara, ka moe.

Rāapa

I a au e haere ana ki te kura mā runga pahi, ka tangohia te tuhinga a Rodrick i taku pēke. Kotahi noa te karapatanga atu, ka mōhio kua mate au.

Te mea tuatahi i kite ai au, kāore i patohia mai te ruri. He mea tuhi ki te ringa tonu o Rodrick.

Kātahi au ka mahara ake: Nō te taenga kē o Rodrick ki te kura TUARUA i tīmata ai a Pāpā ki te mahi i ana tuhituhi. Nō reira, nā Rodrick TAKETAKE AKE tēnei tuhinga.

Ka tīmata taku pānui, me kore noa e taea te whakamahi. Engari te āhua nei i kino ake a Rodrick i a AU ki te rangahau.

Te 'Tahi Rau Tau i Mua

Nā Rodrick Heffley

Ko kumu ka tau ki raro
Ko mahara ka huri ki tua
I pēhea rā te ao
I te 'tahi rau tau i mua?

I eke mokonui te 'tangata ana'?
I tipu anō he pua?
Ko wai ka hua i pēhea
I te 'tahi rau tau i mua?

Me he waka rere wā
Ko au tētahi i runga
Kua kite au i te āhua
I te 'tahi rau tau i mua.

Kei te pūwere nui te mana?
Ko te koraha, he huka?
E te ao, i pēhea rā koe
I te 'tahi rau tau i mua?

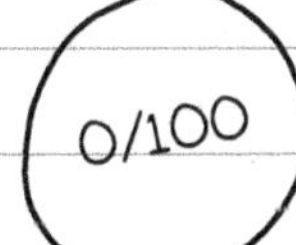

Me kōrero tāua!

Kāti kua mau taku iro. Kaua e hoko tuhinga i tētahi atu, mātua rā a RODRICK.

Ka tae ki te akoranga tuatoru o te rā, karekau aku tuhinga mā Matua Huff. Te āhua nei kua mate taku whai anō i te Hītori i te kura raumati.

Nāwai i hē, ka hē kē atu. Taku hokinga ki te kāinga, ko Māmā kei te kūaha e whanga mai ana.

Mōhio koe ki taua pūtoi tāra i utua ai a Rodrick? I mea a Rodrick ki te hoatu i te KATOA e riro mai ai he moni hei hoko motupaika tawhito mōna. I reira ka mōhio pea a Māmā kei te hē tētahi mea. Kāore anō a Rodrick kia mahi i tētahi mahi ko ia anake e whiwhi ai ia i te Tāra Kōkā kotahi nei.

Rāpare

Ka mea atu a Rodrick ki a Māmā nō hea ana moni, ka haere ia ki taku rūma, ka paraketu haere kia kitea rā anō te moni i raro i taku moenga. Mōhio pai ana a Māmā kīhai ia i tuku i te $100,000 kia rere. Ka tangohia aku moni KATOA, tae atu ki ērā i tae tōtika mai ki a au. Kua hinga pea i konei te kaupapa Tāra Kōkā.

Ka mutu, he tānga manawa tonu. E pōkaikaha ana au i te moe i runga i te haupū moni i ia pō.

E riri ana a Māmā i taku nuka i a ia, nō reira ka whiua au. Heoi anō, i ea taua whiu i mua i te kai o te pō.

Ko te Rā Whakawhetai tēnei. I rite te tīmatanga ki ngā Whakawhetai katoa. E rua hāora te tōmua mai o Whaea Loretta.

Ka whakahaua māua ko Rodrick e Māmā kia 'taurima' i a Whaea Loretta. Ko te tikanga o tērā, me kōrerorero ki a ia kia tae rawa mai ērā atu o te whānau.

Ko te takenga o ā māua whawhai kino katoa ko Rodrick, ko wai o māua ka aumihi tuatahi i a Whaea Loretta.

Nō te 11.00 i tīmata ai te taetae mai a ērā atu. Ko te teina o Pāpā, a Matua Joe, me ana tamariki ngā whakamutunga, i tae mai i te āhua 12.30.

He rite te ingoa a ngā tamariki katoa a Matua Joe mō Pāpā.

Ki a Māmā, he pīwari. E kī kē ana a Pāpā nā Matua Joe rātou i akoako kia pērā te kōrero.

Kei te āhua raru a Pāpā rāua ko Matua Joe. E wheke tonu ana a Pāpā i tētahi mahi i mahi ai a Matua Joe i te Whakawhetai o TĒRĀ tau. I taua wā rā, kua tīmata te mimi a Manny ki te pō mimi. E pai ana te haere. E rua wiki atu anō pea, kua mutu tana mau kope.

Engari ka kōrero a Matua Joe i tētahi kōrero ki a Manny i hē katoa ai tērā.

Mō te ono marama, e kore a Manny e kuhu ki te wharepaku.

Mai i taua wā, ka mate ana a Pāpā ki te tīni kope paruparu, ka rongo au i a ia e kohukohu ana i a Matua Joe.

Nō te 2.00 pea tā mātou kai tahi, kātahi ka neke ētahi ki te rūma noho ki te kōrerorero. Kāore au i hiahia kōrero, nō reira ka haere kē au ki te rūma whānau ki te tākaro ki aku kēmu ataata.

Nāwai ā, ka hōhā hoki a Pāpā i te whānau, ka heke ki te mahi i tana parekura Kaiākiri. Engari ka mahue i a ia te kūaha ki te taiwhanga ahi te raka, whai atu ana a Matua Joe.

E āhua arotau ana a Matua Joe ki te mahi a Pāpā, nō reira ka hoatu e Pāpā ngā kōrero e rite ana.

He kauhau tonu tā Pāpā ki a Matua Joe mō te Rehimana 150 me āna mahi nui i Gettysburg. Āhua hāwhe hāora pea ia e āta whakaahua ana i te pakanga.

Engari kīhai pea a Matua Joe i te tino aro ki te kauhau a Pāpā.

Taro ake, ka mutu te Whakawhetai. Piki ana a Pāpā ki runga ki te whakapiki i te paemahana o te whakamahana kia hēmanawa ai te whare, ka hoki te katoa. Ka mutu koinei te āhua o te Whakawhetai i tō mātou kāinga i ia tau.

HAKIHEA

Rāhoroi

E mahara ana koe i kī atu au he rā e taka e mōhio ai a Māmā rāua ko Pāpā ki te pāti a Rodrick? Koinei taua rā.

Ka tono a Māmā i a Pāpā kia haere ki te tiki i ngā whakaahua o te Whakawhetai. Nō te hokinga mai o Pāpā, ka tere kitea atu tōna riri.

Ko te whakaahua i te ringa o Pāpā, nō te pāti a Rodrick.

He mea hopu pokerehū pea e tētahi o ngā hoa o Rodrick ki te kāmera a Māmā e noho rā ki te pae i runga ake o te pūrere puoro. Ko tāna i hopu ai, ko te katoa atu o ngā mahi.

Ka mea a Rodrick ki te whakahorihori i te tūnga o te pāti, engari he moumou tāima tērā – e kore hoki te whakaahua e tito.

Tangohia ana e Māmā rāua ko Pāpā ngā kī o te waka o Rodrick, ā, ko te whiu, ka mau ia ki te whare mō tētahi MARAMA.

I riri hoki rāua ki a AU, mōku i 'āwhina' i a ia. Ko te whiu i a au, ka rua wiki e rāhuitia ana aku tākaro ataata.

Rātapu

Mai i te wā i mōhio ai a Māmā rāua ko Papā mō te pāti a Rodrick, kua kaha tā rāua whakatīwheta i a ia. Te tikanga kei te 2.00 i te ahiahi oho ai a Rodrick i ngā mutunga wiki, engari i te rā nei ka whakahaua ia e Pāpā kia ara mai i tana moenga i te 8.00 I TE ATA.

He MATENUI a Rodrick ki te moe, nō reira ka raru pai ia i te maranga moata. I tērā ngahuru, e 36 hāora te roa o tētahi o ana TŪĀMOE.

Ka moe ia mai i te pō o te Rātapu ki te ata o te Rātū. Ka mutu nō te pō kē o te Rātū ia ka mōhio i pahemo he rā i a ia e moe ana.

Heoi anō, kua kitea e Rodrick he rongoā mō te ture maranga i te 8.00. Kia kī atu a Pāpā me mātua puta ia i te moenga, ka tōia atu e ia ana paraikete ki runga, ka moe kē ki te hōpa tae noa ki te hapa. Kore kē he painga i a Rodrick.

Rātū

He haere anō tā Māmā rāua ko Pāpā i tēnei mutunga wiki. E tukua ana māua ko Rodrick ki te kāinga o Koro. E ai ki a rāua, e MEA ana rāua ki te tuku i a māua kia noho ki te kāinga, engari kua kore e whakapono ka tōtika māua.

Kei te Pourewa Takohe a Koro e noho ana, he whare kaumātua. I reira māua ko Rodrick mō tētahi wiki i ētahi marama ki muri nei, ko te tino haurarotanga tēnā o taku raumati.

Kei tō Kui a Manny i tēnei mutunga wiki. Kua TINO TERE taku whakawhiti me Manny, mēnā rā e taea ana. He kī tonu te pouaka mātao a Kui i te inu mirumiru, i te keke, i te aha atu, ka mutu kei a ia te aho pouaka whakaata e taea ai ngā hongere kiriata katoa.

E haere ana a Manny ki tō Kui i te mea ko Manny te whakapuhi a Kui. Me karapa noa ki tana pouaka mātao, kei reira ngā tohu taunaki.

Engari ki te kīia a Kui he āta whakapuhi i ētahi, āta parea atu ana e ia ērā whakapae.

Ehara ko ngā whakaahua i te pouaka mātao anake. E iri ana ngā whakaahua, ngā aha noa iho nā Manny i mahi mai ki ngā wāhi katoa o te whare o Kui.

Heoi anō te mea nāku i tuhi, kei a Kui tonu, he kupu i tāia ka ono aku tau. I te riri au ki a ia, he kore nōna e homai aihikirīmi māku i mua i te hapa. Anei aku kupu:

> Tino kino aku whakaaro mōu, e Kui.

Kua puritia e Kui mō ēnei tau e hia nei, ka mutu kei te whakamau TONU ia.

He whakapuhi pea tā ngā kaumātua katoa. Ka mutu, kei te pai tēnā. Engari ko te pai o Koro, kāore ia e huna ko wai tāna.

Rāhoroi

Ka whakataka atu a Māmā rāua ko Pāpā i a māua ko Rodrick ki tō Koro i te rangi nei, pērā tonu i tā rāua i kī ai.

Tahuri ana au ki te kimi mea pārekareka hei mahi māku, engari kāore he mea ngahau i te whare o Koro. Ki tōna taha noa au noho ai, mātaki ai i te pouaka whakaata. Engari kāore kē a Koro e mātaki hōtaka. E whakaata kē ana tana pouaka whakaata i tā te kāmera mātai i te roro o tōna whare.

Kia pau ētahi hāora KOINĀ NOA te mahi, ka pōrangi haere koe.

Ka kainamu ki te 5.00, kua mahi mai a Koro i tā mātou hapa, he kai anuanu ko te 'huamata kōwhitiwhiti' te ingoa. Koia te mea mōrihariha katoa kua kai au.

He pīni mātao, he kūkamo e kautere ana i te winika.

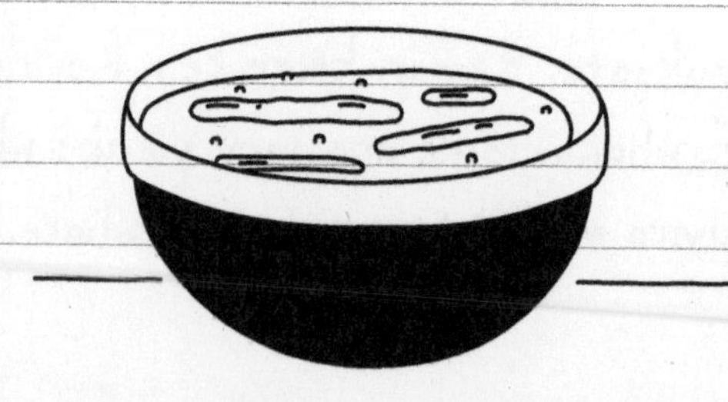

Kei te mōhio a Rodrick kāore he mea KINO AKE ki a au i te huamata kōwhitiwhiti. Nō reira, i tō mua atu noho ki a Koro, ka āta haupūtia e Rodrick ki taku pereti.

I reira au e tata rāoa ana engari me te whai kia pau rawa, kia kore ai a Koro e pāmamae.

Mōhio koe i pēhea tana mihi mai i taku kai kia pau rawa?

I a Koro ka hora i te huamata i te pō nei, e whakataruna ana au ka kainga e au. Kuhuna kētia ana ki taku pūkoro i te wā kei wāhi kē ngā whatu o aku hoa.

Anuanu ana te winika mātao e māturu haere ana i taku waewae, engari he pai noa ake tērā i te heke haere i taku KOROKORO.

I muri i te kai, ka neke mātou ki te rūma noho. He kēmu papa nō te ao kōhatu kei te kāinga o Koro. Ka whakahaua māua ko Rodrick kia tākaro tahi ki a ia.

Tērā tētahi kēmu ko 'Pukukata' te ingoa, e pānui ai tētahi i te kōrero kei te kāri, ko tā te hoa, he mahi kia kaua ia e kata.

Ka hinga a Koro i a au i ngā wā katoa, he kore nōku e mārama ki ngā kōrero whakakata.

Ka hinga hoki a Rodrick i a au, engari koinā tana hiahia. Kia tae ki te wā e pānui ai au i te kāri, ka mea ia kia kī tana waha i te miraka.

I te 10.00, kua rite au ki te hoki ki te moe. Ka tere taunahatia e Rodrick te hōpa, ka mate taku moe tahi anō ki a Koro.

Me pēnei te kōrero, mēnā e whai ana a Māmā rāua ko Pāpā kia mau taku iro, he kore nōku e whāki i te pāti a Rodrick, ā kāti, kua tino ea.

Rātapu

He mahi nui tā Rodrick mō te Whakakitenga Pūtaiao me oti i mua tonu i te whakatā Kirihimete. Te āhua nei kua āta whakatau a Māmā rāua ko Pāpā mā Rodrick anake e mahi, mā tōna kotahi.

I tērā tau, koinei te ingoa o te taumahi pūtaiao a Rodrick 'Mā te Mātaki Kiriata Ririhau e Ririhau ai te Tangata?'

Ko te tikanga pea, ka āta mātaki ētahi i ngā kiriata whakawehi, ā, ka tāia he pikitia hei whakaatu i pēhea ō rātou kare ā-roto i muri.

Engari arā kē te whāinga a Rodrick me ana hoa, kia āhei rātou te mātaki i ngā kiriata whakawehi huhua noa i ngā pō kura.

Oti pai ana te taha mātaki i a Rodrick mā, engari kīhai i oti he pikitia kotahi nei i a rātou. Ka tae ki te pō i mua tonu o te Whakakitenga Pūtaiao, karekau he mea hei tītohu atu mā Rodrick.

Riro ana mā mātou ko Māmā, ko Pāpā a Rodrick e whakaora. Nā Pāpā i patopato ngā kōrero, nā Māmā i mahi mai ngā papa pānui, nāku ngā whakaahua.

Ka mahi au ki te whiriwhiri he aha ngā pikitia ka tāia mai e te taiohi kua mātaki i te kiriata ririhau.

Ko te mea TINO hē, ka kohetetia au e Māmā mō te 'weriweri' o aku whakaahua. Me te aha, noho ana ko ngā kiriata G anake tāku kai mō te roanga atu o te tau.

Ka mutu arā kē ngā whakaahua 'weriweri', ko tā Manny e tuhi ana i taua wā rā.

I tētahi pō, waiho pokerehū ana e Rodrick tētahi kiriata whakawehi ki te pūrere ataata. Ao ake, ka huri a Manny ki te whakakā i ana pakiwaituhi, ko te kiriata kē a Rodrick e pāho mai ana.

Ka tūpono au ki ētahi o ngā whakaahua a Manny i muri tata mai. Tata tonu ka moepapahia ko AU i ana pikitia.

Rātū

I tohua e Māmā rāua ko Pāpā ētahi rā e mātua oti ai i a Rodrick he mahi mō te Whakakitenga Pūtaiao. I te 6.00 i te pō nei me whakaatu mai ia he aha te kaupapa o tana whakamātau. Ka tae ki te 6.45, pākorehā.

E mātaki kē ana a Rodrick i tētahi hōtaka mō te āhua o ngā kaipōkai tuarangi ka noho roa ana rātou ki tuarangi. E ai ki ngā kōrero i puta, kia hoki mai rātou ki a Papatūānuku, kua TĀROA ake, tēnā i te wā i wehe ai.

I pērā ai, he kore tō ā-papa i tuarangi, ka tangatanga ngā tuaiwi - āhua pērā te whakamārama.

Kitea ana i reira he kaupapa mā Rodrick.

Ka mea a Rodrick ki a Māmā rāua ko Pāpā ko te pānga o te 'kore tō ā-papa' ki te tuahiwi tangata te kaupapa o tana whakamātau pūtaiao. I te āhua o tana whakatāiri i tana kaupapa, tērā koe e pōhēhē ka puta he painga ki te ao tangata nui tonu i tana whakamātau.

Āhua mīharo ana a Pāpā i te pai o tana kōrero. E koa noa ana rānei kua ea i a Rodrick te mahi tuatahi i tohua māna. Heoi anō, he wā tata i muri mai, ka tono a Pāpā i a Rodrick kia kawe i ngā para ki te rori. Huri ana pea i konā ōna whakaaro.

Rāapa

I te kura inanahi nei, ka pānuitia ngā whiringa mō te Taiopenga Hautupua o te Takurua.

Rongo kau ano, ka taka he whakaaro i a au mō tētahi whakaari whakakata pai MUTUNGA mā māua ko Rowley. Heoi anō, ko te take kē i tuhia ai, kia whai takunga au mō te kōrero ki a Holly Hills, teina o Heather Hills, koia hoki te kōtiro e manako nuitia ana i taku tau kura.

EI! KĀORE E PAI TŌ NOHO KI TE HŌPA, E PERO!
EHARA AU I TE KURĪ, KO AU TŌ TAMA!
KAUA KOE E NGENGERE MAI KI A AU!

KUA HAERE MĀUA KI TE HARAREI WHAKAIPO. ME KAWE PEA I A KOE KI TE WHARE TIAKI KURĪ.
ENGARI KEI TE HIAHIA HAERE AU I TŌ KŌRUA TAHA.
ANEI TĀKU 'AU AU AU' HEI UTU I TĀU!
Ka Mutu.

WHAKAMIHI

KAITUHI - GREG HEFFLEY
KAITOHU - GREG HEFFLEY
PĀPĀ - GREG HEFFLEY
MĀMĀ - HOLLY HILLS
TAMA-KURĪ - ROWLEY JEFFERSON

Ka whakaaturia ki a Rowley, engari kāore i tino pai ki a ia.

Pēnei au ka mihi mai a Rowley i taku whakawhetū i a ia. Kei te tika tā Māmā, arā ētahi tāngata tē taea te whakangata.

Rāpare

Kua tahuri a Rowley ki te kimi hoa ANŌ mōna mō te Taiopenga Hautupua. Kei te mahi tūmatarau rāua ko tētahi o ngā tamariki o tana akoranga karate, ko Scotty Douglas te ingoa.

Ki te uia au mēnā e harawene ana au, ka pēnei taku whakautu: He TAU TAHI a Scotty Douglas. Taihoa pea a Rowley ka patua e ētahi i te kura i tēnei mahi āna.

Kotahi anō te Taiopenga Hautupua mā te kura tuatahi, te kura waenga me te kura tuarua. Nō reira kei te whakataetae kotahi te pēne o Rodrick me Rowley rāua ko Scotty.

E kaikā KATOA ana a Rodrick i te Taiopenga Hautupua. Kāore anō tana pēne kia tū i mua i te minenga nui. Ki a rātou, mā te mea nei e araara ai ō rātou ingoa.

E mauhere tonutia ana a Rodrick. Ko te ritenga o tēnei, kia kaua ia e wehe noa i te kāinga. Nō reira, ko tana pēne e haere mai ana i ia rangi, e whakawai ana i te rūma o raro. Kua kite pea a Pāpā he pai ake me i rerekē āna kupu mō te whiu i a Rodrick.

Mēnā e hua ana te pēne o Rodrick ka toa rātou i te Taiopenga Hautupua, kia tere tā rātou huri ki te mahi puoro tūturu. I pau kē ngā whakawai whakamutunga e rua ki te tākaro noa ki te taonga kārangaranga i riro mai i te mutunga wiki.

Rāmere

He mea whāmutu e Pāpā te whiu o Rodrick, e rua wiki te tōmua, he pōrangi haere nōna i te whakarongo ki ngā whakawai a KO PEKĪ i ia rā. I te pō nei ka haere kē a Rodrick ki tō Ward mō te mutunga wiki.

I te ngaronga o Rodrick, ka wātea te taiwhanga o raro, nō reira ka pōhiritia a Rowley kia haere mai mō te pō.

Ka hokona e māua ko Rowley he rare huhua, he wai mirumiru, ka kawea mai hoki e Rowley tana pouaka whakaata kawekawe. I riro mai hoki ētahi o ngā kiriata whakawehi a Rodrick, nō reira kua rite māua. Tahi ka heke mai a Māmā me Manny.

Heoi anō te take i kawea mai ai a Manny, kia pai ai tana kawe kōrero ki a Māmā ina hē māua.

I ngā wā katoa ka moe mai tētahi, kua raru pai te pō i a Manny. Te wā whakamutunga i moe mai ai a Rowley, koia te mea hē KATOA.

I makariri pea a Manny i waenga pō, ka totoro atu ki te pēke moe o Rowley kia mahana ai.

Tumeke ana a Rowley. Ko te hokinga wawe tēnā o Rowley ki tana kāinga. Kāore anō ia kia hoki mai ki konei moe ai mai i te taua wā.

Taihoa pea ka hē ANŌ i a Manny te moe mai a tētahi. Kua kore māua ko Rowley e āhei te mātaki kiriata whakawehi. Tahuri kē ana māua ki te tākaro kēmu papa.

Kua hōhā au i te kēmu papa. Kua āhua hōhā hoki i a Rowley.

I ia rima meneti, kua haere ki te whareiti. Te hokinga mai, ka whanaia e ia tētahi o ngā urunga ki tērā taha rawa o te rūma.

Ka rua pea ngā mahinga, e ngahau ana, whai i muri i tērā, he hōhā. Nō te pikinga anō o Rowley ki te whareiti, kua tahuri au ki te nuka i a ia.

Ka raua tētahi o ngā maitai ā-ringa a Pāpā ki raro i te urunga. Ehara, hoki mai ana a Rowley, whanaia ana e ia te urunga kia kaha tonu.

Ka hē i konā. E tangi ana a Rowley pēnei i te pēpē nei, tē taea te whakamauru.

Ka rongo a Māmā i te waha pararē o Rowley, ka heke iho.

Ka āta titiro ia ki te kōnui o Rowley, me te anipā anō. Mai i te hauata pōro konumohe, kua aro nui a Māmā ki ngā whara o Rowley i tō mātou kāinga. Me te aha, whakahokia atu ana ia ki tōna rā.

Mā te aha pea i tana kore e ui mai i ahatia tana waewae.

Puta kau anō a Māmā rāua ko Rowley ki waho, ko te anga nui ki te whakapati i a Manny.

I kite hoki a Manny i a au e kuhu ana i te maitai ki raro i te urunga, me taku mōhio ka kōrero atu ia ki a Māmā. Ka toko ake i a au he whakaaro e kore ai taku mahi e whākina.

Ka pōkai au i aku tueke, ka mea atu ki a Manny e oma ana au i te kāinga kia kore ai au e mate ki te tū me taku hara i te aroaro o Māmā.

Puta atu ana au ki waho, me te mea nei e wehe ana, e kore e huri.

I ahu mai i a Rodrick tēnei whakaaro. Nāna tēnei nuka i A IA ka mahi i tētahi mahi hē, me tana mōhio ka whakaatuna ko IA e au. Ka whakataruna e oma ana ia. E rima meneti i muri mai, kua kuhu mai anō i te whare.

Me te aha, kua rite au ki te muku i tōna hara.

Nō reira, i muri i taku kī atu ki a Manny e wehe tūturu ana au, ka kati au i te kūaha, ka tatari mō ētahi meneti nei. Nōku ka huaki anō i te kūaha, ka pōhēhē au kei te roro tonu a Manny e tangi ana. Engari kāore kē ia i reira. Ka huri haere au i te whare ki te kimi i a ia. Mōhio koe kei hea ia?

Kei te rūma o raro e kai ana i aku rare.

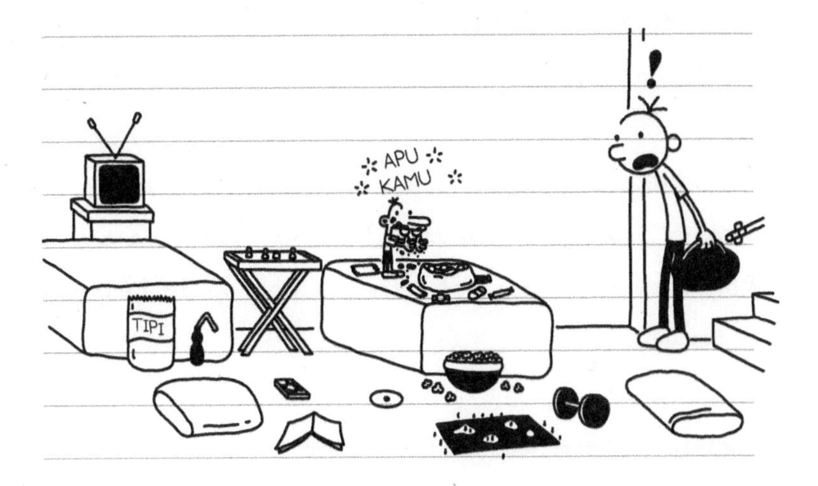

Heoi anō, mēnā ko te tuku i a Manny kia kai i aku rare te utu e kore ai ia e kōrero, e pai ana.

Rāhoroi

Ka oho au i te ata nei, ka heke ki te kīhini. Kotahi karapatanga ki te kanohi o Māmā, kua mōhio au kua whākina e Manny taku hara.

Kāore i mahue i a Manny tētahi kōrero kotahi nei. Tae atu ki ngā kiriata whakawehi. Tē aro i a au he pēhea ia i mōhio ai ki ĒRĀ.

Ka whakahaua au e Māmā kia whakapāha ki a Rowley, ki ōna mātua ANŌ HOKI. Nō reira e kore pea au e tere pōhiritia kia hoki ki te kāinga o Rowley.

Kātahi a Māmā ka waea atu ki a Whaea Jefferson. Ka mea mai a Whaea Jefferson kua whati te kōnui o Rowley, me mātua okioki mō tētahi wiki nei.

Ka mea mai anō a Whaea Jefferson e 'pōuri rukiruki' ana a Rowley, he kore nōna e whai wāhi ki ngā whiringa mō te Taiopenga Hautupua. Pau ana i a ia te wiki ki ngā parakatihi tūmatarau me Scotty Douglas.

Ko tā Māmā ki a Whaea Jefferson, ka PAI NOA ki a au ko au hei whakakapi mō Rowley i ngā whiringa. Kei reira au e kukume ana i te ringa o te hāte o Māmā kia mōhio ai ia he huatau TINO KINO tērā, he aha te aha.

Ka tukua e Māmā te waea, ka mea au kāore he mahi kino ake i taku tū ki te atamira i te kura ki te mahi tūmatarau i te taha o tētahi tamaiti, he tau ki muri e mau kope rāhiteke ana.

Hei aha ake mā Māmā. Kawea atu ana au ki tō Scotty, me te whakamārama a Māmā i ngā āhuatanga kua pā ki tōna whaea. Kua tino mau au iāianei.

Ka tukua au e Whaea Douglas kia kuhu atu, ka piki māua ko Scotty ki tōna rūma ki te whakawai. Te mea tuatahi i kite ai au, ehara i te mea he rite tahi te mana o Rowley rāua ko Scotty i tēnei kaupapa. Ko Rowley te KAIĀWHINA i a Scotty.

Ka mea au ki a Scotty e kore RAWA au e noho hei tūmau mā te ringa tūmatarau kei te tau tahi i te kura. Ko tā Scotty, NĀNA ngā taputapu tūmatarau, ka whakatūpehupehu i konā.

Ka tautuku au, kia mauru ai a Scotty. Kāre hoki au i hiahia kia nui kē atu taku raru.

Kātahi ka homai e Scotty he hāte kapi katoa i te kora pīata, ka mea mai koirā taku kaka tūmatarau.

Ko te hāte tonu e mau ai a Kui ki te purei Wharewhare. Ka mea au ki a Scotty me pūeru huatau, me hākete kirikau pea. Ko tāna, kāore he wairua 'tūmatarau' o tērā.

Heoi anō, i te mutunga iho, ko tāku noa he tukutuku taonga ki a Scotty. Kāore pea e pērā rawa te kino.

Engari me whiu mai anō taua pātai ki a au ki te uru māua, ka mate te tū ki te atamira i mua i te rima rau tāngata, tē tū noa ai i te aroaro o te tuahine nohinohi o Scotty.

Rātapu

Ko TĒTAHI painga o te whakawai tahi i ngā tūmatarau ki a Scotty Douglas, kua huhua noa aku whakaaro pai mō ngā pakiwaituhi o Hare te Ware.

Nō ētahi marama ki muri nei i mutu ai tā Rowley tuhi i ana pakiwaituhi 'Ai auē!' mō te nūpepa a te kura, he hiahia nōna kia wātea ake ia ki te tākaro ki ana Mokotora. Nō reira kua wātea anō te mahi pakiwaituhi. Tērā tonu pea e riro mai i a au.

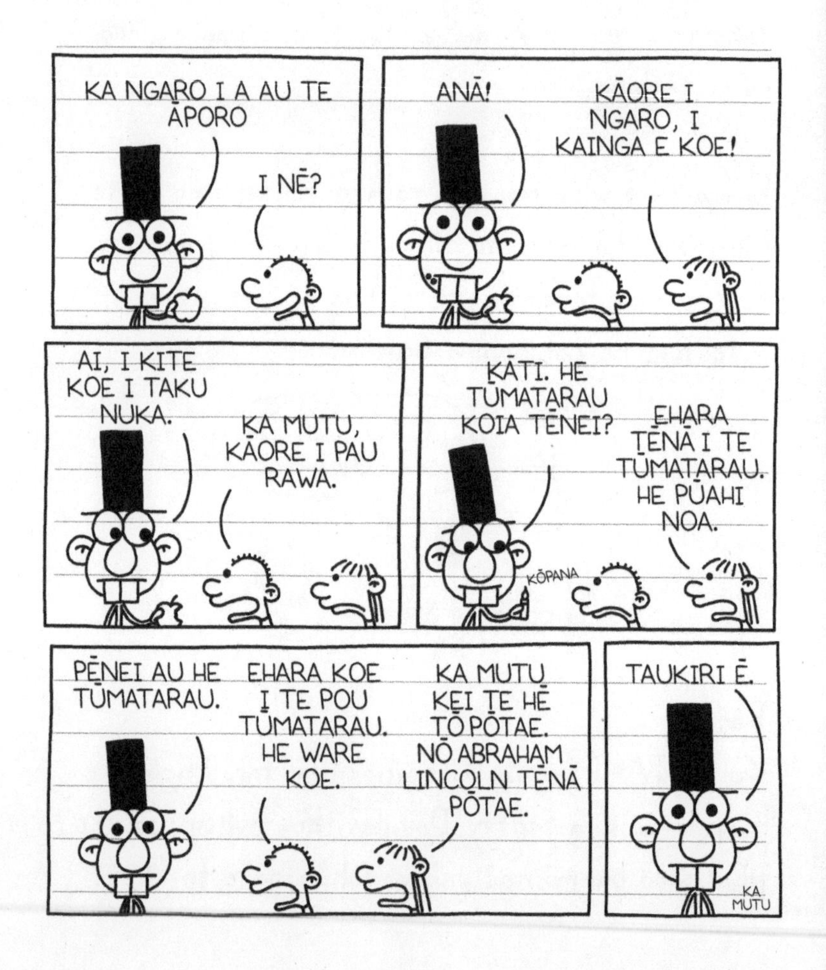

Rāhina

He rongo pai mō te Taiopenga Hautupua. I tū ngā whiringa i te rā nei, ā, kāore māua ko Scotty i uru.

Kāore pea i eke taku āwhina ki te taumata, engari kāore au i mahi MĀRIRE kia hē. I wareware noa ki te hoatu i ētahi o ngā taputapu.

Ko māua ANAKE kīhai i uru. Me whakamā pea māua i tērā.

Ahakoa kāore i tino pai tā māua mahi, ehara nā māua te mahi hē KATOA. Arā ētahi i koretake ake i tā māua tūmatarau.

I uru tētahi kōhungahunga ko Harry Gilbertson te ingoa. Heoi anō tāna, he reti nama waru taiāwhio noa i te pūrere puoro e whakatangi mai ana i te 'Yankee Doodle Dandy'.

I uru anō te pēne o Rodrick. Me tana tāmaramara haere i tērā āhua.

Kua kōrero kē au mō te hiamo o Rodrick i te Taiopenga Hautupua Takurua. Kotahi rā te TŌMUA o tana whakaoti i tana taumahi mō te Whakakitenga Pūtaiao, kia tū ai he whakawai atu anō i mua i te pō nui.

Engari i a ia ka tāpae i tana taumahi, ka mea ake te kaiako Pūtaiao me mahi mai anō, ka mutu me kōwhiri he kaupapa anō. Ki tāna, kīhai a Rodrick i whai i te 'tukanga pūtaiao' me tōna anō whakapae, whakataunga, whaka-aha atu rānei.

Ka tohe a Rodrick ki te kaiako, kotahi hautekau-mā-ono o te īnihi tana tupu i te wā e haere ana tana whakamātau i te 'kore tō ā-papa', nō reira he whai takenga tonu tana rangahau.

Engari ka mea te kaiako koirā te tupu māori noa o te tama kei tēnā pakeke i a Rodrick i te marama.

Kua tino raru hoki ko au, i te mea i kōwhiria hoki e au te 'kore tō ā-papa' hei kaupapa māku mō te Whakakitenga Pūtaiao.

Te āhua nei kua moumou noa āku rangahautanga nui.

E mea ana a Pāpā kua kore a Rodrick e whai wāhi ki te Taiopenga Hautupua, me aro kē ia ki tana whakamātau hou. Kei te mea ake a Rodrick, engari mō tēnā.

Ko tā Rodrick ki a Pāpā, HEI AHA AKE māna te kura. Ko tāna kē e whai ana, kia toa rātou i te Taiopenga Hautupua, ā, mā te kiriata o tā rātou tū e whiwhi kirimana ai i tētahi kamupene tuku puoro. Hei reira ia wehe ai i te kura, ko te pēne hei mahi tūturu māna.

Kātahi te whakaritenga mutunga mai o te hē, ki a au. Engari e āhua pai ana pea ki a Pāpā.

Rāapa

Nō te pō nei te Taiopenga Hautupua o te Takurua. Kāore au i pīrangi haere. Pērā anō a Pāpā. Engari ko te whakahau a Māmā, me puta atu māua ki te tautoko i a Rodrick.

I tōmua te haere a Rodrick rāua ko Māmā ki te kura ki te kawe i ngā taputapu a te pēne. Ka mate a Pāpā ki te haere i te taha o Bill i te wakaroa o te pēne. Pōrahurahu ana a Pāpā i te rokohanga atu ki tana rangatira mahi i te tūnga waka o te kura.

Nō te 7.00 i tīmata ai. Kia kī atu au i konei, ki a au nei i tino hē te whakakotahitanga o ngā kura e toru mō tēnei kaupapa.

Arā ngā kōhungahunga e waiata ana ki ā rātou tetipea, whai i muri ko te tangata tekau mā waru ngā tau ko te kitā maitai hohoro takitahi tāna karawhiu.

Taku mōhio, kāore a Pāpā i rata ki a Larry Larkin me ana werohanga whakakai huhua noa. Kīanō i mutu noa tāna rakuraku takitahi, kua tītaha a Pāpā ki te tangata i tōna taha, kua kohimu atu ki a ia.

Mēnā au i tere ake, kua pai te whakatūpato i a Pāpā ko te tangata e kōrero atu rā ia, ko te matua tonu o Larry.

Tētahi mate anō o te whakatōpū i ngā kura, he maha rawa ngā mea i tū, ka TINO ROA te pō.

Nō te 9.30 ka whakatauria me huirua ngā mahi kia tere ake ai te haere. He wā anō i āhua pai, pērā i tā Patty Farrell kanikani patō me tā Spencer Kitt karaepaepa. He wā anō kāore i tino pai, pērā i tā Terrence James hāpai i te pūtangitangi me te eke wīratahi i a Charise Kline e pānui ana i tana ruri mō te mahana haere o te ao.

Ko te pēne o Rodrick te mahi whakamutunga.

I mua i te taiopenga, ka tono a Rodrick māku rātou e hopu ki te ataata. Ko tāku, ENGARI mō tēnā!

I āna mahi kino ki a au i ēnei wiki tata nei, e mīharo ana au i whakateka ia ki te pati i a au. Heoi anō, whakaae ana a Māmā māna te kāmera e hiki.

Ka huia ruatia a Rodrick mā ki a Harry Gilbertson, te tamaiti mau hū retireti. Kāore e kore e haku ana a Rodrick ki TĒRĀ.

I te wā e karawhiu ana a Rodrick mā, ka kite au kua kore a Pāpā i taku taha. Ka huri au ki te kimi i a ia.

I muri kē o te whare hākinakina a Pāpā e tū ana, he pōro kātene kei ōna taringa. Ka noho tonu ia ki reira ā mutu noa te waiata.

I muri i te tū a te pēne o Rodrick, ka tohaina ngā tohutoa. Kāore a Rodrick mā i whiwhi, engari i whiwhi a Harry Gilbertson i te tohu mō te 'Whakangahau Puoro Tino Pai'.

Ko te hanga mīharo katoa, ko te Toa Whakaihuwaka: ko Leland, te kaitiaki o Rowley.

I toa ia mō tana kōrero-puku. Ki ngā kaiwhakawā, he 'whaiora' tāna mahi.

Uaua ana te whakapono kei te whakaae au ki tā Rodrick, engari kei te tika pea tāna mō te pakihawa o Leland.

I muri i te taiopenga, ka hoki mai te pēne o Rodrick ki tō mātou kāinga ki te mātaki i te ataata o tā rātou mahi.

E amuamu ana rātou mō te toanga i 'tāhaetia' e tētahi atu, me te kūware mārika o ngā kaiwhakawā ki tēnei mea te rakapīoi.

Nō reira, e mea kē ana rātou ki te tuku noa i te ataata ki ētahi kamupene tuku puoro, ka waiho ai mā te puoro anō e kōrero mō tōna reka.

Ka noho rātou i mua i te pouaka whakaata, ka kōkuhua e Rodrick te rīpene ki te pūrere. E toru tekau hēkona pea e rere ana te ataata, kua mōhio te katoa kāore he hua o te rīpene.

E mahara ana koe i tono a Rodrick i a Māmā, māna e kapo te ataata? He autaia tana hopu i tā rātou mahi, engari kāore i mutu tana kōrero i te rua meneti tuatahi. Me te aha, i mau pai i te kāmera āna kupu katoa.

Ka whātero mai ana a Bill - tā te tangata rakapīoi whātero me te manana anō o te arero - kua kīkī a Māmā.

Kotahi noa te wā i mutu ai te kōrero a Māmā, nō te patunga pahū takitahi a Rodrick. Engari i te kaha hīoioi o te kāmera i taua wāhanga, kua kore e tino kitea atu he aha.

Whakatakariri ana a Rodrick me ana hoa. Kātahi ka maumahara ake he mea hopu anō te Taiopenga Hautupua e te kura, ka mutu ko te tikanga, ka whakaaturia ki te hongere ā-rohe ā te pō āpōpō.

Nō reira kua hoki mai anō pea rātou ki te mātaki i TĒRĀ.

Rāpare

Kua tino RARU au i ēnei hāora tata nei.

I hoki mai a Rodrick me ana hoa i te āhua 7.00 ki te mātaki i te Taiopenga Hautupua i te pouaka whakaata. Ka toru hāora e noho ana, e tatari ana ki te tū a tō rātou pēne.

I autaia tonu tā te kura hopu i tā rātou mahi. E pai ana te haere, tae atu ki te pahū takitahi a Rodrick.

Koia tēnā ko te tahuritanga o Māmā ki te kanikani. Topa tonu atu te kāmera ki a Māmā, ka anga nui tonu ki a ia ā mutu noa te waiata.

Me te aha, KAREKAU ana he mea hei tuku mā Rodrick ki ngā kamupene puoro. Amowheke ana a koroua i tērā āhua.

I mātua riri ia ki a Māmā mō te hē o tāna mahi. Ko tā Māmā hei utu, ki te kore a Rodrick e hiahia kia kanikani te tangata, kaua e hāpainga ngā mahi puoro.

Tahi a Rodrick ka huri mai ki a AU, ka mea mai NŌKU KĒ te hē. Mēnā rā au i hopu i te taiopenga pērā i tāna i tono ai, kua kore tēnei raruraru.

Ko tāku atu ki a ia, mēnā kāore ia i kiripiro mai ki a au, kua whakaae au māku e mahi.

Taka ana māua ki te horu, tētahi ki tētahi. Rere mai ana a Māmā me Pāpā ki te wawao. Ko Rodrick i tukuna ki tōna rūma i raro, ko au anō ki tōku.

I ētahi hāora i muri mai, ka heke iho au, ka tūpono ki a Rodrick i te kīhini. E āta mene mai ana. Ka pēnei au, he tohu aha rā tēnei.

Ka mea mai a Rodrick kua 'puta te muna ki te ao'.

E ui ana a roto he aha te tikanga o tana kōrero. Mea ake ka taka te kapa: E kōrero ana ia mō te raru i pā ki a au i te raumati.

Ka oma au ki raro ki te tirotiro i te waea a Rodrick, kia kite ai au mēnā kua waea haere ia ki ētahi. Ehara, kua waea atu pea ki te KATOA o ana hoa he tēina, he tuāhine rānei ō rātou he rite ki a au te pakeke.

Ao ake te rā, kua mōhio te KATOA o te kura ki ngā āhuatanga i pā. Ā, kāore e kore i whakamōmonahia e Rodrick ngā kōrero kia HĒ KĒ ATU.

Kāti, i te mea kua hora kē te kōrero, kia whakaatu au he aha RAWA ngā āhuatanga i pā, hei aha tā Rodrick, tāna tauira hē nei.

Ā anei.

Mō ētahi rangi i te raumati, e noho ana māua ko Rodrick i te whare o Koro i tana Pourewa Takohe. E tata pōrangi ana au i te KORENGA o tētahi mahi pārekareka.

I taku kaha hōhā, ka tahuri au ki te tuhi i taku hautaka. Engari ko te tango mai i tētahi pukapuka i mua i a Rodrick, ko te kupu 'rātaka' kei runga, KĀTAHI te mahi hē.

Ka kapohia e Rodrick taku hautaka, ka oma. Kua tae pea ki te wharepaku me te raka i te kūaha mēnā kāore i waiho e wai rā te kēmu Pukukata ki te papa.

Kokoa ake ana e au te pukapuka me te oma ki waho ki te kauhanga tūmatanui, ā, atu i reira ka heke i te arawhata. I te roro matua o te whare ka whati au ki te wharepaku, ka raka i te kūaha.

Ka hiki anō au i aku waewae - ki te tūpono kuhu mai a Rodrick, e kore ia e mōhio kei reira au.

E mōhio pū ana au, ki te riro i a Rodrick taku hautaka, nau mai e te moepapa. Oti ana te whakatau me tīhaehae kia ngakungaku, ka tuku ai hei horomi mā te heketua. He pai ake te whakangaro tēnā i te pupuri tonu, kei riro i a Rodrick.

Nōku ka tīmata ki te tīhaehae i ngā whārangi, ka rongo au i te kūaha e huaki ana. Pēnei au ko Rodrick, ka whakaroau au i konā.

I te haumūmū o waho, ka whātare atu au i runga ake o te kūaha. He wahine kei mua i te whakaata e whakapaipai ana i tōna kanohi.

Pēnei au i hē tana haere, ka kuhu kē ki te wharepaku mō ngā tāne. He pērā hoki ētahi o ngā tāngata kei te Pourewa Takohe e noho ana.

Kua tata taku kī atu kei te wharepaku hē te wahine nei, ka kuhu mai ko tētahi atu. E tama! He wahine ATU ANŌ.

Kua mōhio au i konei ko au kē te mea i hē te haere, kei te wharepaku WĀHINE kē au.

Kei reira au e inoi ana kia horoi noa ngā wāhine nei i ō rāua ringa, ka wehe, kua pai taku oma. Engari ka noho kē rāua ki tēnā, ki tēnā taha ōku. Wehe ana tētahi, kuhu mai ana ko tētahi atu. Kua mau au.

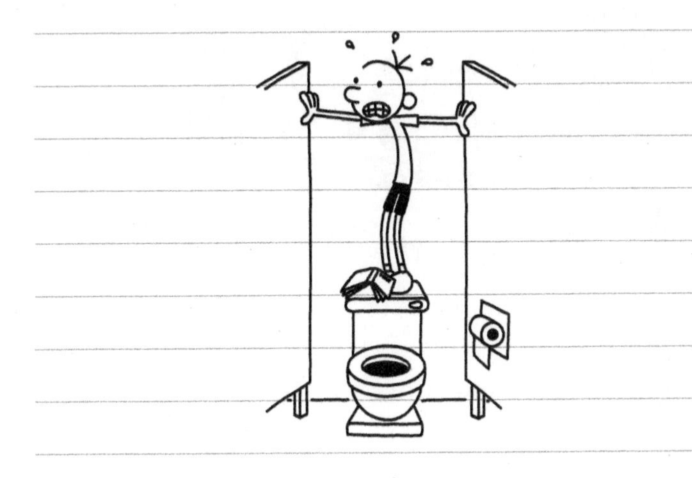

Kei hua mai a Rowley he maikiroa tana mate ki te kai i te Tīhi. Me ko ia te mauhere i te wharepaku wāhine o te Pourewa Takohe mō te hāora me te hāwhe, kua huri pea ngā whakaaro.

Ka mea ā, ka rongo pea tētahi i a au, ka kōrero ki te kiripaepae. Mea ake, kua tipitipi te rongo he 'Tame Whātaretare' kei te wharepaku mō ngā wāhine.

Tae rawa mai te tūtei ki te tō atu i a au, kua huihui te katoa o ngā tāngata noho ki te Pourewa Takohe ki te roro o te whare. Ā, ko Rodrick kei runga e mātaki ana i te katoa i te pouaka whakaata a Koro.

Kua pārāweranui te rongo, kia kaua au e tae ki te kura. Ka mea au ki a Māmā me neke au ki kura kē, me te whakaatu anō he aha ai.

Ka mea a Mamā kia kaua au e māharahara ki ngā whakaaro o ētahi atu. Ki tāna, ka mārama aku hoa he 'hē pokerehū'.

Kātahi te tohu taunaki kāore a Māmā e PAKU mārama ki te āhua o te rangatahi kei tēnei pakeke i a au nei.

He aha rā au i haukoti ai i taku whakahoahoa ā-reta ki a Mamadou. Mēnā e hono tonu ana māua, kua pai pea taku rere ki Paranihi hei ākonga whakawhiti, ka huna ai ki REIRA mō ētahi tau.

Heoi anō te mea e mōhio ana au, kāore au e pīrangi haere ki te kura āpōpō. Engari te āhua nei kāore he tahuringa ake mōku.

Rāmere

Tino REREKĒ RAWA ATU taku rā. Tomo ana au i te kura, muia ana e te mahi a te taitama. Ka whītiki au mō ngā tāwaitanga a te ngutu. Engari kāore kē he whakatīwheta, he MIHI kē te mahi.

E harirū mai ana, e papaki ana i taku tuarā. PŌRAURAHA kau ana au.

He taki pahupahu mai nō ngā taitama, kāore au i tere mārama ki ngā āhuatanga kua pā. Engari te āhua nei i pēnei.

Ko te kōrero a Rodrick ki ana hoa, ka rere ki ō rātou tēina, tuāhine, ā, atu i a rātou ki ō RĀTOU hoa.

Nō te horapatanga o te rongo, ka kē katoa ngā mokamoka.

Tīmata ana te paki i taku kuhu pokerehū i te whareiti wāhine o te Pourewa Takohe, tōna mutunga atu, ko taku konihi atu ki te Rūma Tīni Kākahu o ngā Kōtiro i te KURA TUARUA o Whitiwhenua.

Uaua ana ki a au te whakapono i pērā rawa te kotiti o te kōrero. Engari e kore au mō te whakatika atu.

He kimonga kanohi, kua tuahangata au i te kura. Ara ake ana i konā he ingoa kārangaranga mōku, ko 'Tamakonihi'.

I mahia mai hoki e tētahi he tīpare mōku ko Tamakonihi te kupu i runga. Me mau ka tika. Tino KORE nei e tau mai ēnei tū āhuatanga ki a au, nō reira kia kaua ngā whakamānawatanga e moumouhia.

He tino tuatahitanga tēnei mōku, te rongo i te pai o te tū a tuahangata i te kura.

Heoi anō, kāore ngā kōtiro i tino mihi mai i a au, pērā i tā ngā tama. Me uaua pea e kitea he hoa mōku i te Kanikani Whaiāipo.

Rāhina

E mahara ana koe ki te whai a Rodrick kia aro nuitia tana pēne? Kāti, kua āhua eke tērā wawata ōna, kua mōhio TE AO ko wai mā a Ko Pekī.

Te āhua nei i ngahau ki tētahi te ataata o Māmā e kani ana mō te hemo tonu atu i te Taiopenga Hautupua, inā rā, kua hōrapa ki te ipurangi. Me te aha, kua mōhio te marea ko Rodrick Heffley te kaipatu pahū i te ataata o te 'Whaea Kanikani'.

Mai i taua wā, kua piri a Rodrick ki tana rūma, e tatari ana kia mahea te pōkēao. Kua āhua aroha nei au ki a ia.

E whakatoihia ana hoki ko au i te kura mō taua ataata, engari mokori anō kāore au i ROTO.

Ka mutu, ahakoa he kino a Rodrick i ētahi wā, ko ia TONU taku tuakana.

Hei āpōpō te Whakakitenga Pūtaiao. Ki te kore e oti i a Rodrick tana taumahi, kei raro ia e putu ana i ana mahi kura.

Koia au i mea ai māku ia e tautāwhi ki te tuhi i tana taumahi, engari ka mutu i konei aku āwhina. Ka mahi tahi māua ā, ao noa. Kia kaua au e pākiwaha, engari i rawe te mea i oti i a māua.

Kia wini i a Rodrick te Tohutoa āpōpō, kia puta tana ihu i te Pūtaiao, ko te tūmanako ka kite pū ia i tana waimarie nui ko AU tana teina.

HE WHAKAMIHI

E kore e mutu taku mihi ki taku whānau - ko rātou te puna whakaaro, te taumatua e oti ai i a au ngā pukapuka nei. Ka tino nui taku mihi ki taku tuakana, ki a Scott, me taku teina, a Pat; ki taku tuahine ki a Re; tae atu ki taku whaea me taku matua. Ka kore koutou, kua kore he Heffley. Kia mihia hoki taku hoa wahine, a Julie, me aku tamariki. Kua āhua herea ō rātou wawata kia eke ai tōku nei wawata kia tū au hei ringa pakiwaituhi. Me mihi hoki aku hungarei, a Tom rāua ko Gail, kua kaha whakahirihiri i te tatanga mai o ia rākati.

Kei te kāhui o Abrams, tēnā koutou. Me tino kōrero a Charlie Kochman, kātahi te hōmiromiro, kātahi te tangata, tae atu ki ēnei tāngata kei Abrams kua waimarie nei au ki te āta mahi tahi ki a rātou: Jason Wells, Howard Reeves, Susan Van Metre, Chad W. Beckerman, Samara Klein, Valerie Ralph, me Scott Auerbach. Kia rere anō he mihi motuhake ki a Michael Jacobs.

E mihi ana ki a Jess Brallier, nāna i whakaputa a Greg Heffley ki te ao mā runga Funbrain.com. Me kore ake hoki a Betsy Bird (Fuse #8) me tōna awe nui ki te hora i te kupu papai mō *Te Rātaka a Tama Hūngoingoi*. Hei whakakapi, ko te mihi i a Dee Sockol-Frye, me ngā kaihoko pukapuka puta noa i te motu i āta tuku i ngā pukapuka nei ki ngā ringaringa o ngā tamariki.

HE KUPU MŌ TE KAITUHI

Kua eke a Jeff Kinney ki te #1 i *USA Today*, i te *New York Times* me te *Wall Street Journal*. Ko ia te kaituhi i *Te Rātaka a Tama Hūngoingoi* e inati ana te hokona o ana pukapuka, e ono hoki ana toanga i te Nickelodeon Kids' Choice Award mō te Pukapuka Tino Kaingākautia. Nō te Whiringa-ā-nuku 2018 i puta ai te pukapuka 13, ko *The Meltdown* te ingoa, ka piki anō tērā ki te #1 mō te nui o te hoko. Ko te mea hou katoa, ko te *Diary of an Awesome Friendly Kid: Rowley Jefferson's Journal*. Nō te Paengawhāwhā 2019 tērā i puta ai. Kua huaina a Jeff e *Time* i tā rātou rārangi o te 100 Tāngata Tino Nui te Awe, Huri i te Ao. Nāna anō a Poptropica, i huaina tērā e *Time* i tā rātou rārangi o te 50 o ngā Pae Tukutuku Tino Papai. I Washington, D.C., ia i tōna itinga. Nō te tau 1995 ka neke ki New England. Kei Massachusetts rāua ko tana wahine e noho ana, me ā rāua tama tokorua. He toa pukapuka tā rāua, ko An Unlikely Story te ingoa.